Klara Kirschbaum

Märchen aus verschiedenen Kulturen

Interkulturelles Lernen mit Märchen aus der Ukraine, Syrien, Russland, Persien, Indien und Co.

PERSEN

Die Autorin

Klara Kirschbaum studierte in Karlsruhe Lehramt für die Grundschule mit den Fächern Deutsch, Religion und Sachunterricht. Sie absolvierte das Referendariat an einer Grundschule in Köln und arbeitet seitdem in Hamburg. Klara Kirschbaum ist Autorin zahlreicher Lehrwerke.

1. Auflage 2023

AAP Lehrerwelt GmbH
Veritaskai 3
21079 Hamburg
Telefon: +49 (0) 40325083-040
E-Mail: info@lehrerwelt.de
Geschäftsführung: Christian Glaser, Sandra Saghbazarian, Robin Schlenkhoff
USt-ID: DE 173 77 61 42
Register: AG Hamburg HRB/126335

Autorschaft: Klara Kirschbaum
Covergestaltung: TSA&B Werbeagentur GmbH, Hamburg
Coverillustration: Natascha Berger
Illustrationen: Natascha Berger (Hauptillustratorin), Corina Beurenmeister, Julia Flasche, Stefan Lohr, Anke Fröhlich, Julia Laas
Satz: Satzpunkt Ursula Ewert GmbH, Bayreuth
Druck und Bindung: Korrekt Nyomdaipari Kft., Budapest

ISBN: 978-3-403-21095-5
www.persen.de

Vorwort 5

Märchenmerkmale 6
Aufbau eines Märchens 6
Märchenrezept. 7
Märchenfiguren-Gewimmel. 8
Märchenhafte Orte und magische Gegenstände 9
Gegensätze und Verniedlichung 10
Zauberverse und magische Zahlen 11

Märchen aus verschiedenen Kulturen 12

Vom Frost (Ukraine) 12
Arbeitsblatt: Vom Frost 14

Knüppel aus dem Sack (Türkei) 15
Arbeitsblatt: Knüppel aus dem Sack 17

Der Dank des Kranichs (Japan) 18
Arbeitsblatt: Der Dank des Kranichs 19

Goldlöckchen und die drei Bären (England) 20
Arbeitsblatt: Goldlöckchen und die drei Bären 22

Iwan Zarewitsch, der Feuervogel und der graue Wolf (Russland) 24
Arbeitsblatt: Iwan Zarewitsch, der Feuervogel und der graue Wolf 26

Die kleinen Leute von Swabedoo (Irland) 27
Arbeitsblatt: Die kleinen Leute von Swabedoo 29

Der Junge und der Zauberfisch (Iran) 30
Arbeitsblatt: Der Junge und der Zauberfisch 32

Stiefelchen (Schweden) 33
Arbeitsblatt: Stiefelchen 35

Der Hirtenjunge (Slowenien). 36
Arbeitsblatt: Der Hirtenjunge. 37

Die zwei Wiesenmäuse (Nordamerika) 38
Arbeitsblatt: Die zwei Wiesenmäuse 39

Ein wirklicher Freund (Indien). 40
Arbeitsblatt: Ein wirklicher Freund 41

Die Wasserstelle (Ghana). 42
Arbeitsblatt: Die Wasserstelle 44

Der weiße Bär König Valemon (Norwegen). 45
Arbeitsblatt: Der weiße Bär König Valemon. 47

Der Puma und die Grille (Südamerika) 48
Arbeitsblatt: Der Puma und die Grille. 50

Der Kranich und die Krähe (Australien) 51
Arbeitsblatt: Der Kranich und die Krähe 52

Märchen untersuchen 53
Leserolle *Mein Lieblingsmärchen* 53
Märchen auf Merkmale untersuchen 56
Märchen zusammenfassen 57
Ein Märchen mit PowerPoint präsentieren 58

Kreatives Schreiben 59
Ein Märchen umschreiben 59
Ein Comic zum Märchen schreiben 60
Ein Märchen zu Bildern schreiben 61
Einen Rap schreiben 62
Schreibkonferenz 63

Ein Märchen nacherzählen 64
Erzählsteine bemalen 64
Erzähldosen mit rotem Faden gestalten 64
Karten für das Kamishibai malen 65
Schattentheater basteln 65
Bewertungsbogen 66

Märchen kreativ gestalten 67
Märchen im Einmachglas 67
Märchenbild aus Papierschnipseln 67
Marionetten basteln 68
Ein Märchen-Quadrama gestalten 68

Ein eigenes Märchen schreiben 69
Aufbau einer Geschichte 69
Mein Schreibplan 70
Bildkarten mit Merkmalen 71
Vorschläge für Satzanfänge 73
Bewertungsbogen 74

Anhang 75
Märchenquiz 75
Märchenschmuckblatt 78
Urkunden 79

Downloadmaterial: die Lösungen der Arbeitsblätter als PDF

Liebe Kolleginnen, liebe Kollegen,

seit vielen Tausend Jahren faszinieren Märchen Kinder und Erwachsene gleichermaßen. Märchen tauchen in allen Kulturkreisen auf. Besonders im Grundschulalter spielen sie eine wichtige Rolle bei der sprachlichen Sozialisation. Meist beruhen die wundersamen Geschichten auf mündlichen Überlieferungen, die später aufgeschrieben und überarbeitet wurden. Die vielen menschlichen Lebensstationen, die in den Geschichten in märchenhafte Bilder und Symbole übertragen werden, bereichern den Unterricht in der Grundschule und bieten den Kindern Anknüpfungspunkte für das eigene Leben. Märchen aus der eigenen und aus weiteren Kulturen kennenzulernen, motiviert und ermöglicht einen interessanten Blick über den eigenen kulturellen Tellerrand.

Als rituellen Stundeneinstieg in die Arbeit mit Märchen bietet es sich an, in jeder Unterrichtsstunde ein Märchen vorzulesen. Somit lernen die Kinder viele Märchen kennen und die leseschwächeren Kinder sind dabei eingeschlossen. Weiterhin sollten Sie verschiedene Kindermärchenbücher auf einem Märchentisch oder in der Leseecke bereitstellen, damit die Schülerinnen und Schüler jederzeit in Märchentexten nachlesen oder Märchen genießend lesen können. In einer Audiostation können Hörbücher von Märchen bereitgestellt werden, was insbesondere für leseschwächere Kinder eine Hilfe ist. Zum Ende jeder Märchenstunde sollten die Stundenergebnisse der Kinder gemeinsam im Kreis besprochen bzw. reflektiert werden. Einzelne Kinder stellen ihre Arbeit vor und erhalten von den anderen Schülerinnen und Schülern anhand der Reflexionskarten *Lob, Frage, Tipp* eine Rückmeldung.

Das vorliegende Buch beginnt mit einem Kapitel, in dem Grundlagen zum Thema *Märchen* geschaffen werden. Dies geschieht mithilfe von bekannten Märchen. Es werden die wesentlichen Merkmale, wie Figuren, Orte und magische Gegenstände sowie der Aufbau eines Märchens erarbeitet bzw. wiederholt. Gegensätze und Verniedlichungen werden ebenso behandelt wie Zauberverse und magische Zahlen.

Im Anschluss tauchen die Kinder in die Märchenwelt aus den verschiedenen Kulturen ein. 15 Märchen aus 15 verschiedenen Ländern können sich die Kinder erlesen. Die einfachen und kindgerechten Lesetexte sowie Arbeitsblätter zum Textverständnis bilden den Kern des Buches.

Im Anschluss kann die Arbeit mit Märchen weitergehen. Die Kapitel *Märchen untersuchen, Kreatives Schreiben, Ein Märchen nacherzählen* und *Märchen kreativ gestalten* sind keinem bestimmten Märchen zugeordnet. Die Aufgaben können bei jeder Erzählung angewandt werden.

Zum Abschluss der Märcheneinheit können die Kinder dann ihr eigenes Märchen schreiben. Bildkarten, Schreibpläne und Vorschläge für Satzanfänge erleichtern das Schreiben und mithilfe eines Bewertungsbogens können die Kinder die eigene Arbeit reflektieren.

Anspruchsvollere Aufgaben, die zur Differenzierung genutzt werden können, sind mit einer Krone markiert.

Viel Freude und eine märchenhafte Unterrichtszeit
wünscht Ihre

Klara Kirschbaum

MÄRCHENMERKMALE

Aufbau eines Märchens

1 **Schneide die Dominokarten aus.**

2 **Sortiere die Karten in der richtigen Reihenfolge.**

3 **Klebe das Domino auf ein extra Blatt.**

MÄRCHENAUFBAU 	Ein Märchen ist eine erfundene Geschichte oder Erzählung, die sich Menschen schon eine lange Zeit …	ein Schloss, ein Turm, ein Brunnen oder ein Wald angegeben.	Es gibt gute und böse Figuren, wie zum Beispiel …
Aufgabe lösen und erlebt viele Abenteuer.	Am Anfang weiß die Märchenfigur oft gar nicht, dass sie oder er eine/ein …	erzählen. Zunächst wurden sie mündlich weitergegeben und später aufgeschrieben.	Viele Märchen beginnen mit einem ganz bestimmten Satz:
„Es war einmal …“.	Sie enden oft mit „Und wenn sie nicht gestorben sind, …	Hexen, Zauberer, sprechende Tiere oder Prinzessinnen und Prinzen.	Die Hauptfigur oder die Heldin / der Held muss meist eine …
Heldin/Held ist. Häufig gibt es Reime, Verse oder Zauberformeln in Märchen.	Auch bestimmte Zahlen spielen eine wichtige Rolle, zum Beispiel die …	dann leben sie noch heute.“	Wir erfahren nicht, wo und wann das Märchen genau spielt. Als Ort wird zum Beispiel nur …
einen magischen Spiegel, sprechendes Brot oder ein Lebkuchenhaus.	Ein Märchen geht meistens gut es. Es siegt das Gute über das Böse.	Zahlen 3, 7 und 12.	Zudem gibt es in Märchen magische Gegenstände oder unwirkliche Begebenheiten, wie zum Beispiel …

1 **Was gehört zu einem Märchen dazu?**
Schreibe die Zutaten für ein gutes Märchen auf.

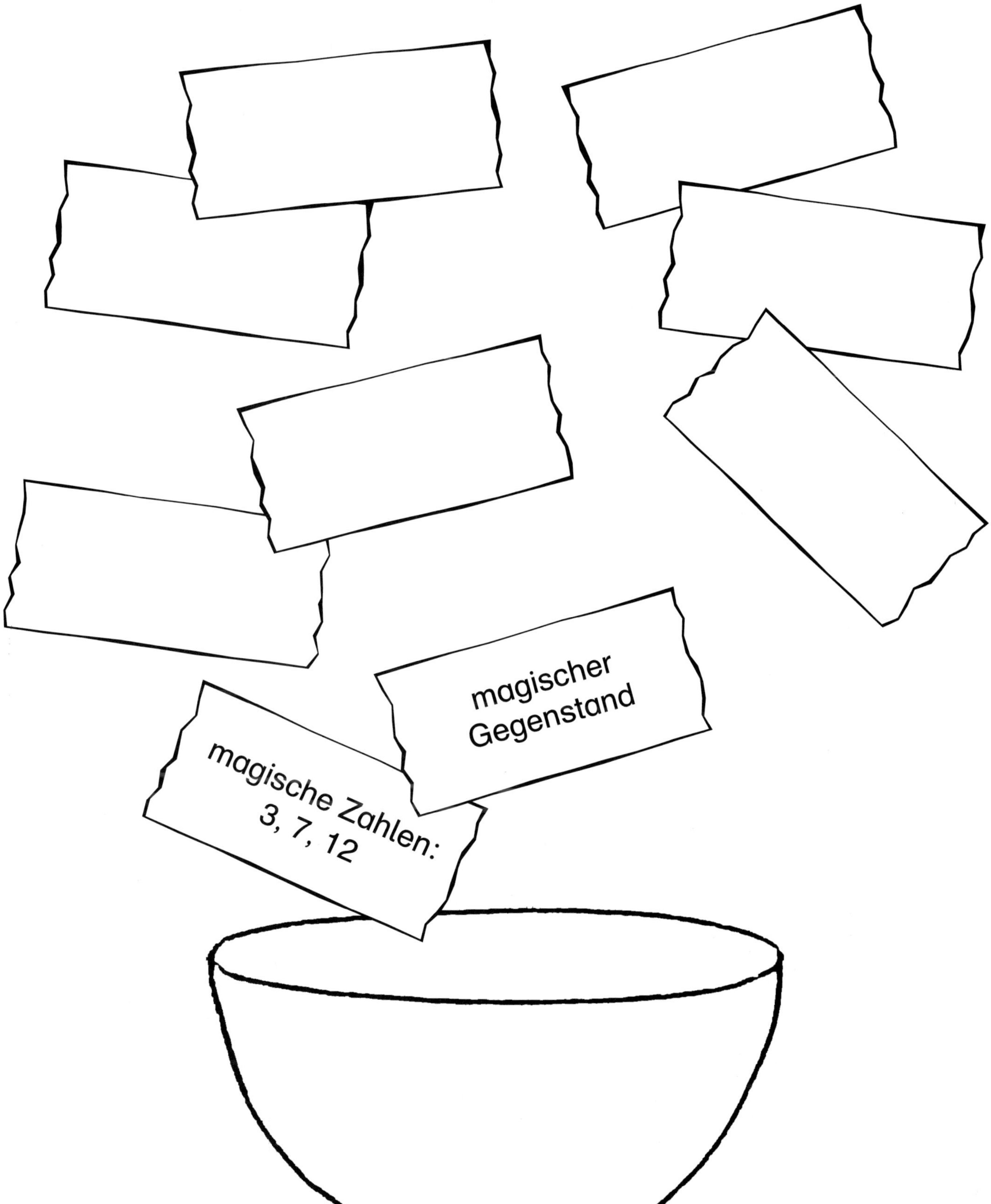

Märchenfiguren-Gewimmel

1 **Schaue dir das Bild an.**

2 **Welche typischen Märchenfiguren findest du? Male sie an.**
Es können Personen, Fantasiewesen und sprechende Tiere sein.

3 **Vergleiche deine Ergebnisse mit einem Partnerkind.**

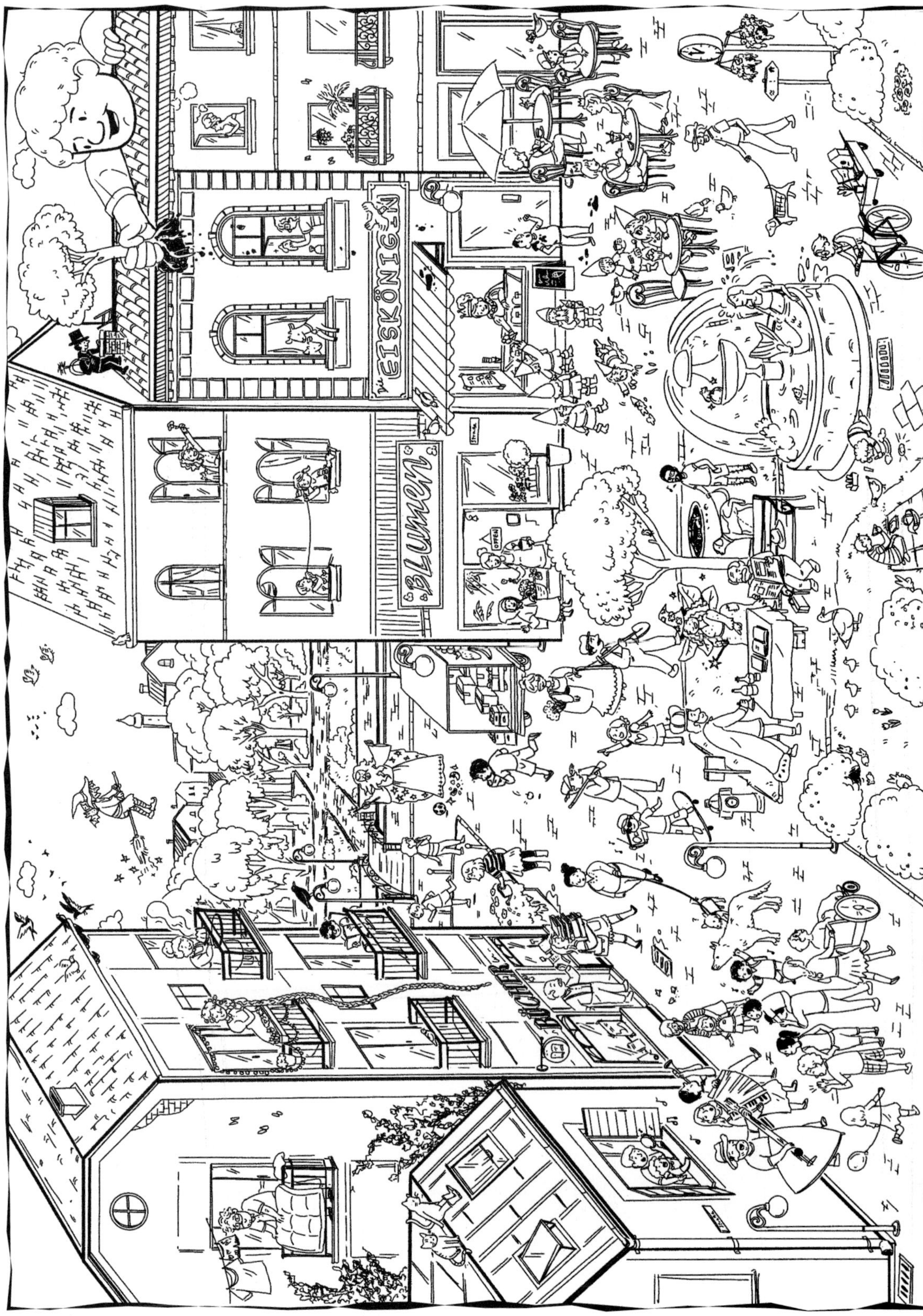

1 **Welche Märchenorte und magischen Gegenstände sind hier zu sehen? Löse das Kreuzworträtsel.**

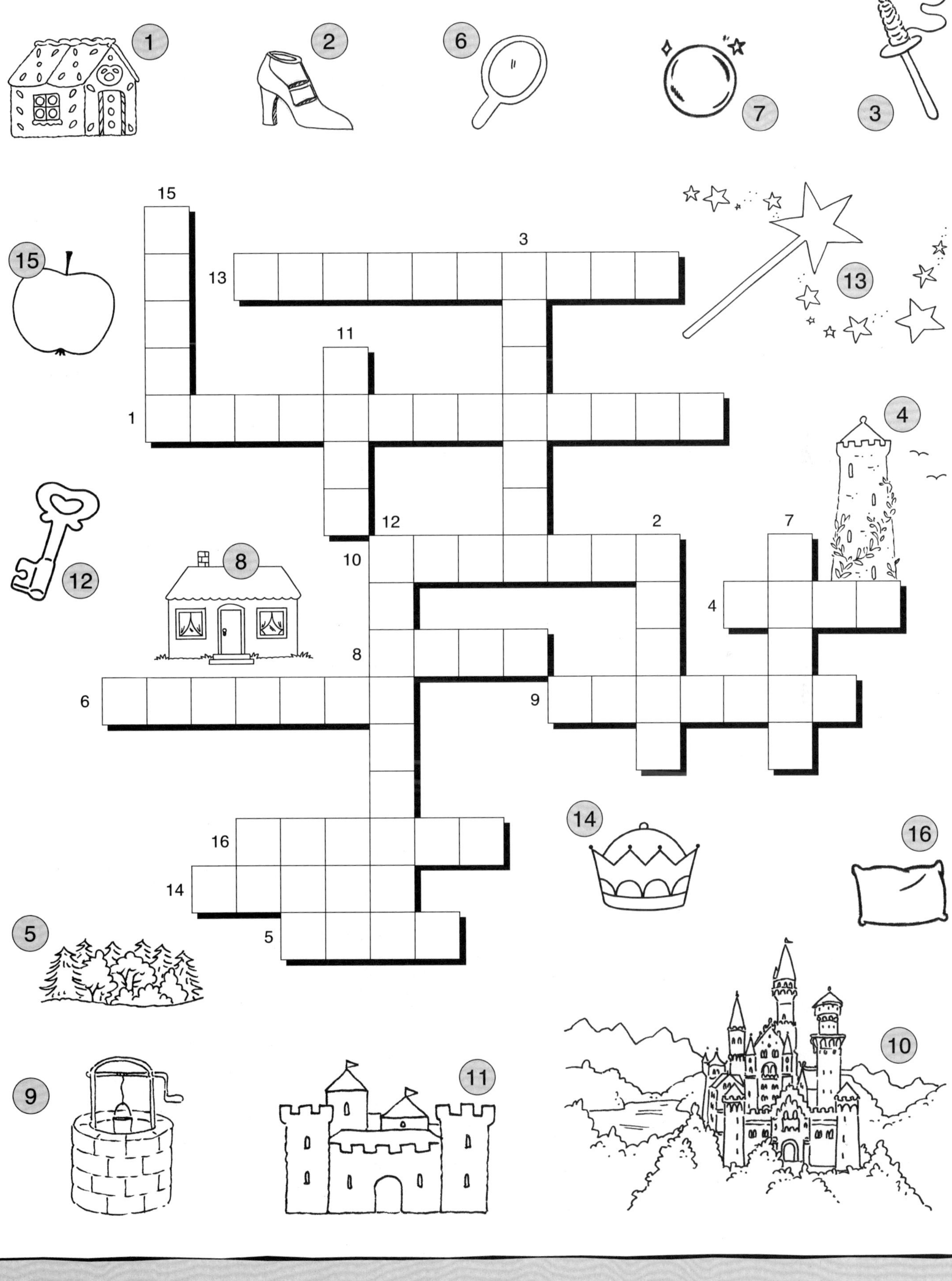

1 **In den meisten Märchen kommen Gegensätze vor.**
Welche Gegensätze gehören zusammen?
Male die Sprechblasen in derselben Farbe an.

schlau

hübsch

reich

stark

böse

dumm

hässlich

faul

feige

gut

arm

klein

groß

schwach

tapfer

fleißig

2 **Viele Begriffe werden im Märchen mit den Nachsilben -chen und -lein verkleinert. Aus Teller wird zum Beispiel Tellerchen.**
Schreibe die Verkleinerungsformen auf.

Kind	______________	Tisch	______________
Reh	______________	Spiegel	______________
Geiß	______________	Mann	______________

1 Wer hat was gesagt? Verbinde.

Heute back ich, morgen brau ich, übermorgen hol ich der Königin ihr Kind.	 Aschenputtel
Knusper, knusper, knäuschen, wer knuspert an meinem Häuschen?	 die Ziege aus *Tischlein deck dich, Goldesel und Knüppel aus dem Sack*
Die Guten ins Töpfchen, die Schlechten ins Kröpfchen.	 die Hexe aus *Hänsel und Gretel*
Ich bin so satt, ich mag kein Blatt.	 Rumpelstilzchen

2 In Märchen gibt es magische Zahlen, die immer wieder vorkommen, zum Beispiel 3, 7 und 12. Welche Zahl fehlt? Setze sie ein.

Schneewittchen und die ________ Zwerge.

Der Wolf und die ________ Geißlein.

Rapunzel wurde mit ________ Jahren in den Turm gesperrt.

Das tapfere Schneiderlein erschlug ________ Fliegen auf einen Streich.

Der Wolf kam ________ Mal, bevor ihm die Geißlein öffneten.

Rumpelstilzchen kam ________ Tage zur Königstochter.

Es gibt ________ Brüder im Märchen *Tischlein deck dich, Goldesel und Knüppel aus dem Sack.*

Zu Dornröschens Geburt werden ________ Feen eingeladen.

Lies das Märchen.

Vom Frost

(aus der Ukraine)[1]

Es war einmal ein armer Bauer. Der Bauer hatte viele Kinder. Er hatte eine große Menge Hirse gesät, aber bevor er die Hirse ernten konnte, kam der Frost. Die ganze Ernte war vernichtet. Da wollte sich der Bauer aufmachen und den Frost suchen. „Was willst du bei ihm?“, fragte ihn seine Frau. Da antwortete der Bauer: „Er hat mir die Ernte verdorben. Am liebsten würde ich ihn umbringen.“

Der Bauer brach auf und traf wenig später den Frost. Der Frost sprach: „Du kannst mir nichts anhaben. Aber ich gebe dir diesen Sack. Du wirst dein Leben lang Brot und Salz haben.“ „Was soll ich mit dem Sack?“, fragte der Bauer. Der Frost antwortete: „Du kannst ihn auf den Tisch stellen und herausholen, wonach es dir gelüstet. Aber du darfst ihn nicht verschenken!“

Der Bauer ging mit dem Sack nach Hause und freute sich. Der Bruder vom Bauern war sehr reich und hatte keine Kinder. Eines Tages lud der Bauer ihn zum Essen ein, um ihm den Sack zu zeigen. Der reiche Bruder sprach: „Ich schenke dir einen Pflug für deinen Acker und sechs Bienenstöcke, wenn du mir dafür deinen Sack gibst.“ Der Bauer gab dem Bruder den Sack mit. Als er am nächsten Morgen die sechs Bienenstöcke und den Pflug holen wollte, gab der Bruder die Dinge nicht her.

Da ging der Bauer erneut zum Frost. „Du solltest den Sack nicht weggeben!“, sagte der Frost. „Ich gebe dir einen silbernen Sack. Lade deinen Bruder ein und zeige ihm diesen. Er wird ihn gegen den anderen Sack tauschen.“

Also lud der Bauer den Bruder erneut ein. Als der Bruder den silbernen Sack sah, ließ er sich sofort auf einen Tausch ein.

1 Märchen aus der Ukraine, aus: D. Jaenike, Wintermärchen, Mutabor Verlag https://www.maerchenstiftung.ch/de/maerchen_aus_aller_welt/maerchen_aus_der_fernen_heimat/maerchensuche_ferne_heimat/10387/vom-frost, 03.01.2023: 7:55.

Zu Hause sagte der Bruder zu seiner Frau: „Lade alle zu einem festlichen Schmaus ein!“ Als die Gäste sich einfanden, stellte er den Sack auf den Tisch. Als er „Sack, öffne dich“ sagte, kam jedoch kein Festessen hervor, sondern es sprangen sieben Teufel heraus. Sie gingen auf die Gäste los. Diese sprangen zum Fenster hinaus und flohen so schnell sie konnten.

Der arme Bauer hatte seinen Sack wieder und musste nie wieder Not leiden.

Arbeitsblatt: Vom Frost

1 **Sind die Aussagen richtig oder falsch?**
Umkreise die Buchstaben.
Sie ergeben von oben nach unten gelesen ein Lösungswort.

	richtig	falsch
Bevor der Bauer die Hirse ernten konnte, kam der Frost.	T	K
Seine ganze Ernte war vernichtet.	E	A
Der Bauer brach auf, aber er konnte den Frost nicht finden.	R	U
Der Frost schenkte dem Bauern einen Sack.	F	T
Der Bruder gab dem Bauern die sechs Bienenstöcke und den Pflug nicht.	E	O
Der Bauer bekam seinen Sack leider nie wieder.	S	L

Lösungswort: ☐☐☐☐☐☐

2 **Welche Sätze sind richtig?**
Kreuze an.

Der Frost sprach:
„Du wirst dein Leben lang …
☐ ein Haus haben."
☐ warme Kleidung haben."
☐ Brot und Salz haben."

Der Bruder versprach dem Bauern …
☐ sechs Bienenstöcke und einen Pflug.
☐ sieben Rinder und einen Karren.
☐ zwei Schafe und einen Sack Kartoffeln.

Der Bruder vom Bauern war …
☐ genauso arm wie der Bauer.
☐ reich und hatte keine Kinder.
☐ reich und hatte viele Kinder.

Der Bauer tauscht bei seinem Bruder den Sack gegen einen …
☐ goldenen Sack.
☐ silbernen Sack.
☐ eine Truhe voll Gold.

3 **Stelle dir vor, du würdest einen Zaubersack bekommen.**
Welche Speisen würdest du dir wünschen?

____

____

____

____

Lies das Märchen.

Knüppel aus dem Sack

(aus der Türkei)[2]

Es war einmal ein armer, junger Mann. Er lebte allein mit seiner Mutter. Jeden Tag ging der junge Mann in den Wald und sammelte Holz. Er schleppte es auf seinem Rücken in die Stadt, um es zu verkaufen.

Eines Tages war er so müde, dass er sich an einen Baum lehnte. Vor Erschöpfung rief er laut „Uff!". Da erschien ein Geist. Er sprach: „Mein Name ist Uff. Du hast mich gerufen. Sag mir, was du willst!" Der junge Mann erklärte dem Geist, was geschehen war. Dieser gab ihm einen kleinen Kasten. „Wenn du mich brauchst, komm zurück und rufe mich. Sage niemals: ‚Öffne dich, Kasten!'"

Der junge Mann ging mit dem Kasten nach Hause und erzählte alles seiner Mutter. „Mutter, ich darf auf keinen Fall ‚Öffne dich, Kasten!' sagen." Kaum hatte er es ausgesprochen, öffnete sich der Kasten. Teppiche kamen heraus und breiteten sich auf dem Boden aus. Dazu gab es allerlei gutes Essen. Mutter und Sohn freuten sich über die Sachen und aßen hungrig.

Daraufhin wollte der junge Mann den Padischah, den Fürsten, zum Essen einladen. Er ging in den Palast und lud den Padischah und dessen Wesir ein. Als die Gäste die arme Hütte sahen, wunderten sie sich, aber sie setzen sich auf die zwei angebotenen Holzklötze. Der junge Mann holte den Kasten und sprach: „Öffne dich, Kasten!" Nun gab es unzählige Speisen und Getränke. Der Padischah wies seinen Wesir an, das Kästchen zu stehlen. Dieser ließ es in den Ärmeln seines Kaftans verschwinden.

Als der junge Mann bemerkte, dass der Kasten verschwunden war, begann er zu weinen. Er ging in den Wald und rief den Geist.

2 Fassung Anina Meile, P. N. Boratav, Türkische Volksmärchen, Berlin 1968 https://www.maerchenstiftung.ch/de/maerchen_aus_aller_welt/maerchen_aus_der_fernen_heimat/maerchensuche_ferne_heimat/10370/knueppel-aus-dem-sack, 04.01.2023, 13:12.

Knüppel aus dem Sack 2

Dieser gab ihm einen Knüppel in einem Sack und sprach: „Sage niemals: ‚Knüppel aus dem Sack!'"

Wieder erzählte der junge Mann alles seiner Mutter: „Ich darf auf keinen Fall ‚Knüppel aus dem Sack!' sagen." Kaum hatte er es ausgesprochen, kam der Knüppel aus dem Sack und prügelte auf ihn ein. Da ging der junge Mann in den Palast: Als er beim Padischah und seinem Wesir ankam, sagte er: „Knüppel aus dem Sack!"

„Hilfe, ruf deinen Knüppel zurück", riefen sie. „Erst, wenn ich meinen Kasten zurückbekomme", antwortete der junge Mann. Der Wesir holte den Kasten und der junge Mann ging glücklich zum Baum, wo der Geist wohnte.

Der Geist gab ihm einen Esel und sprach: „Hüte dich zu sagen: ‚Schrei, mein Esel!'" Der junge Mann erzählte wieder alles seiner Mutter: „Ich darf auf keinen Fall ‚Schrei, mein Esel!' sagen." Kaum hatte er dies getan, öffnete der Esel sein Maul und begann, Münzen auf den Boden zu spucken.

Der junge Mann und seine Mutter nahmen den Kasten, den Knüppel und den Esel und gingen in ein fernes Land. Dort lebten sie glücklich.

1 **Welche Sätze kommen im Märchen vor? Male sie an.**

Der Wesir holte den Kasten und der junge Mann ging glücklich zum Baum, wo der Geist wohnte.	Jeden Tag ging der junge Mann in den Wald und sammelte Holz.

Er ging in den Wald und rief den Geist.	Nun gab es unzählige Speisen und Getränke.	Das Pferd öffnete sein Maul und begann, Münzen auf den Boden zu spucken.

Der Padischah wies seinen Wesir an, das Kästchen zu stehlen.	Eines Tages war er so müde, dass er sich an einen Felsen lehnte.	Da erschien ein Kobold.

2 **Lies die Sätze und male ein passendes Bild.**

Eines Tages war der junge Mann so müde, dass er sich an einen Baum lehnte. Vor Erschöpfung rief er laut „Uff!“. Da erschien ein Geist. Dieser gab ihm einen kleinen Kasten.

3 **Beantworte die Fragen.**

Was kommt aus dem Kasten?

____

Was kommt aus dem Sack?

____

Was spuckt der Esel?

____

Arbeite mit einem Partnerkind: Lest das Märchen *Tischlein deck dich, Goldesel und Knüppel aus dem Sack* von den Brüdern Grimm. Vergleicht es mit dem Märchen *Knüppel aus dem Sack*. Welche Gemeinsamkeiten haben die Märchen? Welche Unterschiede gibt es? Schreibt es auf und stellt euer Ergebnis der Klasse vor.

Lies das Märchen.

Der Dank des Kranichs

(aus Japan)[3]

Es war einmal ein armer, alter Tuchweber. Seine Frau und er hatten nichts als eine kleine Hütte und einen Webstuhl darin. Die beiden blieben arm, denn der Mann konnte sich kein gutes Garn kaufen und auch kein gutes Tuch weben.

Sie hatten zu ihrem großen Kummer keine Kinder und waren sehr einsam. Von ihrer Hütte aus konnten sie das Meer sehen. Die größte Freude des alten Mannes war es, die weißen Kraniche zu beobachten, die täglich zur Küste geflogen kamen.

Eines Abends brach ein Unwetter über die Gegend herein. Als der alte Tuchweber am nächsten Morgen aus seiner Hütte kam, fand er einen verletzten Kranich. Er half ihm und befreite ihn aus seiner Falle. Er nahm den Kranich mit nach Hause, pflegte und fütterte den Vogel, bis er wieder gesund war. Dann ließ er den Kranich frei und er flog davon.

Am Abend desselben Tages klopfte es an die Tür. Ein junges und wunderschönes Mädchen bat um Einlass in das Haus des alten Ehepaares. Das Mädchen half den beiden von nun an bei der Arbeit.

Nachts webte es in einer verschlossenen Kammer an einem prächtigen Stoff, der die finanzielle Not lindern sollte. Das Mädchen hatte eine Bedingung: Niemand durfte es bei der Arbeit beobachten.

Der Weber war sehr neugierig geworden. Er wusste, dass es einen Spalt in der Wand der Hütte gab. Er blickte durch den Spalt und sah am Webstuhl einen großen, weißen Kranich. Mit seinem Schnabel riss er Federn aus seiner eigenen Brust und webte mit diesen ein Tuch. Als der Vogel merkte, dass der alte Mann sein Versprechen gebrochen hatte, flog er zum Fenster hinaus. Er kam nie mehr zurück.

3 In Anlehnung an: https://www.friedrich-verlag.de/grundschule/musik/musik-erfinden/der-dank-des-kranichs-10377 und https://www.jen-ars-texendi.de/manufaktur/m%C3%A4rchen/die-kranichfrau/, 05.02.2023, 9:50.

1 **Lies die Sätze.**
In welcher Reihenfolge kommen sie im Märchen vor?
Nummeriere.

	Die größte Freude des alten Mannes war es, die weißen Kraniche zu beobachten, die täglich zur Küste geflogen kamen.
	Seine Frau und er hatten nichts als eine kleine Hütte und einen Webstuhl darin.
	Sie hatten zu ihrem großen Kummer keine Kinder und waren sehr einsam.
1	Es war einmal ein armer, alter Tuchweber.
	Von ihrer Hütte aus konnten sie das Meer sehen.
	Die beiden blieben arm, denn der Mann konnte sich kein gutes Garn kaufen und auch kein gutes Tuch weben.

2 **Löse das Kreuzworträtsel.**

1. Wo lebten der alte Tuchweber und seine Frau? In einer …
2. Was konnten sie von der Hütte aus sehen? Das …
3. Was brach eines Abends über die Gegend herein? Ein …
4. Was fand der alte Tuchweber am nächsten Morgen? Einen verletzten …
5. Wo webte das Mädchen nachts? In einer …
6. Was webte das Mädchen? Einen prächtigen …
7. Wodurch schaute der alte Tuchweber aus lauter Neugier? Durch einen …
8. Woran saß der Kranich in der Kammer? An einem …

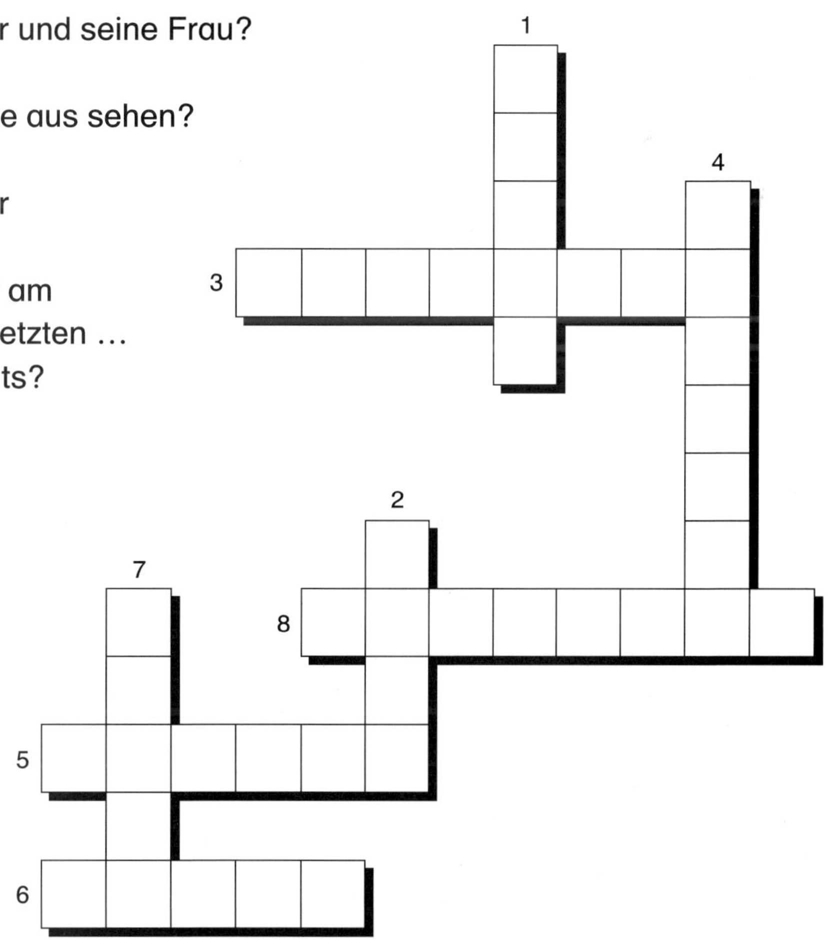

Lies das Märchen.

Goldlöckchen und die drei Bären

(aus England)[4]

Es waren einmal drei Bären: die Bärenmutter, der Bärenvater und das Bärenbaby. Gemeinsam lebten sie in einem gelben Haus inmitten eines großen Waldes. Die Bärenmutter kochte eines Tages einen großen Topf mit heißem, köstlichem Brei. Da er noch zu heiß zum Essen war, entschieden die Bären, spazieren zu gehen.

In der Nähe des gelben Hauses lebte ein kleines, ungezogenes Mädchen. Ihr Name war Goldlöckchen. An diesem Morgen warf sie Steine auf Eichhörnchen. Da roch sie den köstlichen Brei, den die Bärenmutter gekocht hatte. Da sie hungrig war, klopfte sie an die Tür des Hauses. Als niemand öffnete, schaute sie durch das Fenster hinein. Sie sah die drei Schalen mit Brei, aber niemand schien zu Hause zu sein. Sie ging hinein.

Zuerst probierte Goldlöckchen den Brei des Bärenvaters, er war ihr zu heiß. Als Nächstes probierte sie den Brei der Bärenmutter, er war ihr zu kalt. Zuletzt probierte sie den Brei aus der Schale des Bärenbabys. „Der Brei ist genau richtig!“, sagte sie und aß den Brei auf.

Nun suchte sie einen Platz, auf den sie sich setzen konnte. Zuerst probierte Goldlöckchen den Stuhl des Bärenvaters, er war ihr zu hart. Als Nächstes probierte sie den Stuhl der Bärenmutter, er war ihr zu weich. Zuletzt probierte sie den Stuhl des Bärenbabys. „Der Stuhl ist genau richtig!“, seufzte sie, aber dann zerbrach der Stuhl. „Ich muss zu viel Brei gegessen haben“, dachte Goldlöckchen.

Sie ging die Treppe nach oben ins Schlafzimmer, denn sie war müde. Da standen drei Betten. Zuerst probierte Goldlöckchen das Bett des Bärenvaters, es war ihr zu hart. Als Nächstes probierte sie das Bett der Bärenmutter, es war ihr zu weich. Zuletzt probierte sie das Bett des Bärenbabys. „Dieses Bett ist genau richtig!“, sagte sie glücklich und schlief sofort ein.

4 https://www.thegermanproject.com/stories/goldilocks, 10.03.2023, 14:43.

Da kamen schon bald die Bären von ihrem Spaziergang nach Hause. „Jemand hat von meinem Brei gegessen!“, rief der Bärenvater. „Jemand hat von meinem Brei gegessen!“, rief die Bärenmutter. „Mein Brei ist aufgegessen!“, weinte das Bärenbaby.

Da sahen die Bären die Stühle. „Wer hat auf meinem Stuhl gesessen?“, fragte der Bärenvater. „Wer hat auf meinem Stuhl gesessen?“, fragte die Bärenmutter. „Wer hat meinen Stuhl zerbrochen?“, fragte weinend das Bärenbaby.

Die drei Bären liefen die Treppe hinauf. „Wer hat in meinem Bett geschlafen?“, fragte der Bärenvater. „Wer hat in meinem Bett geschlafen?“, fragte die Bärenmutter. „Wer liegt immer noch in meinem Bett?“, fragte das Bärenbaby so laut, dass Goldlöckchen wach wurde. Als sie die drei wütenden Bären sah, bekam sie Angst. Sie rannte und rannte, bis sie ihr eigenes Haus erreichte. Sie versprach sich selbst: „Ich werde nie wieder Brei essen!“

Arbeitsblatt: Goldlöckchen und die drei Bären 1

1 Verbinde die Satzteile.

Eines Tages kochte die Bärenmutter einen großen	klopfte sie an die Tür des Hauses.
An diesem Morgen warf Goldlöckchen	Schalen mit Brei.
Da Goldlöckchen hungrig war	war ihr zu kalt.
Sie sah auf dem Tisch die drei	Topf mit heißem, köstlichem Brei.
Der Brei des Bärenvaters	war ihr zu heiß.
Der Brei der Bärenmutter	war genau richtig.
Der Brei des Bärenbabys	Steine auf Eichhörnchen.

2 In welcher Reihenfolge probierte Goldlöckchen die Stühle? Male an.

- Erst vom Bärenbaby, dann von der Bärenmutter und zum Schluss vom Bärenvater.
- Erst von der Bärenmutter, dann vom Bärenvater und zum Schluss vom Bärenbaby.
- Erst vom Bärenvater, dann von der Bärenmutter und zum Schluss vom Bärenbaby.

3 In welcher Reihenfolge probierte Goldlöckchen die Betten? Male an.

- Erst von der Bärenmutter, dann vom Bärenvater und zum Schluss vom Bärenbaby.
- Erst vom Bärenvater, dann von der Bärenmutter und zum Schluss vom Bärenbaby.
- Erst vom Bärenbaby, dann von der Bärenmutter und zum Schluss vom Bärenvater.

4 **Welche Stelle ist der Höhepunkt im Märchen? Schreibe sie auf.**

5 **Was können wir von der Geschichte lernen? Kreuze an.**

- ☐ Man muss das Eigentum von anderen respektieren
- ☐ Wer alles haben will, bekommt am Ende nichts.

Arbeite mit einem Partnerkind: Lest das Märchen *Schneewittchen* von den Brüdern Grimm. Schaut euch die Stelle an, in der die Zwerge abends zurück ins Haus kommen. Vergleicht sie mit dem Märchen *Goldlöckchen und die drei Bären*. Welche Gemeinsamkeiten haben die Märchen? Welche Unterschiede gibt es? Schreibt es auf und stellt euer Ergebnis der Klasse vor.

Lies das Märchen.

Iwan Zarewitsch, der Feuervogel und der graue Wolf

(aus Russland)[5]

Es war einmal ein Zar, der in einem fernen Zarenreich lebte. Dieser Zar hatte einen schönen Garten und das Schönste in diesem Garten war ein Apfelbaum. Der Baum trug goldene Äpfel. Eines Tages stellte der Zar fest, dass jemand Nacht für Nacht die goldenen Äpfel aus dem Garten stahl. Der Zar befahl seinen drei Söhnen, dass sie sich auf die Lauer legen und den Dieb fangen sollten. Er versprach ihnen noch zu Lebzeiten sein halbes Reich. Die beiden ältesten Söhne schliefen ein, aber der jüngste Sohn, Iwan Zarewitsch, bekam den Dieb zu sehen: Im Laub auf einem Zweig saß ein Feuervogel. Sein Gefieder glänzte und tauchte den ganzen Garten in ein helles Licht. Beim Versuch, den Feuervogel zu fangen, erwischte Iwan eine Schwanzfeder des Vogels.

Er brachte die Feder zu seinem Vater. Dieser war so beeindruckt von der Feder, dass er seine Söhne in die Welt hinausschickte, um den Feuervogel zu fangen. Jeder ritt in eine andere Richtung. Iwan Zarewitsch traf in einem tiefen Wald auf einen grauen Wolf, der sein Pferd tötete. Iwan trauerte um sein Pferd und ging zu Fuß weiter. Er wanderte Tag um Tag. Am elften Tag war er so erschöpft, dass er sich auf einem Baumstumpf niederließ. Da kam der graue Wolf aus dem Wald gelaufen und fragte: „Warum bist du so traurig?“ Iwan erzählte dem grauen Wolf von dem Feuervogel und seinem Pferd. Der graue Wolf gestand, dass er das Pferd getötet hatte, und bot Iwan an, ihn auf seinem Rücken zum Feuervogel zu bringen.

Viele Tage und Nächte trug der Wolf Iwan über hohe Berge und durch tiefe Wälder. Schließlich gelangten sie an eine Burg. Sie war von hohen Mauern umgeben. Im Turm lebte der Feuervogel. Der Wolf warnte Iwan: „Berühre keinesfalls den Käfig des Vogels!“

5 In Anlehnung an: http://maerchenbasar.de/klassische-maerchen/osteuropa/russland/4083-iwan-zarewitsch-und-der-graue-wolf.html und http://www.maerchenatlas.de/aus-aller-welt/russische-marchen/iwan-zarewitsch-der-feuervogel-und-der-graue-wolf/, 10.03.2023, 16:27.

Iwan gelangte in den Turm und konnte nicht widerstehen, als er den Käfig sah. Denn der Käfig war aus purem Gold. Kaum hatte Iwan ihn berührt, kamen die Wachen herbei und verurteilten Iwan zum Tode. Aus dieser Lage konnte er sich nur befreien, wenn er dem Burgherrn ein Zauberpferd beschaffte, das im Schloss eines anderen Königs lebte.

Zusammen mit dem grauen Wolf machte sich Iwan auf, das Zauberpferd zu holen. Der Wolf warnte Iwan erneut: „Berühre keinesfalls das Zaumzeug des Pferdes.“ Doch Iwan konnte auch diesmal nicht widerstehen, als er das goldene Zaumzeug sah. Zur Strafe sollte er die schöne Tochter eines weiteren Nachbarkönigs entführen.

Der graue Wolf und Iwan machten sich auf den Weg und befreiten die Prinzessin. Doch Iwan war traurig. Die Prinzessin war so schön, dass er sie nicht gegen das Zauberpferd eintauschen wollte. Der Wolf half ihm auch diesmal. Er nahm die Gestalt der Prinzessin an und täuschte den König, während die echte Prinzessin mit Iwan und dem Zauberpferd entkam. Danach nahm der Wolf die Gestalt des Zauberpferdes an, sodass Iwan auch den Feuervogel erbeuten konnte.

Mit der Prinzessin, dem Zauberpferd und dem Feuervogel machte sich Iwan auf den Heimweg. Er heiratete die schöne Prinzessin.

Arbeitsblatt: Iwan Zarewitsch, der Feuervogel und der graue Wolf

1 **Wer stiehlt die goldenen Äpfel vom Baum? Male.**

2 **Was verspricht der Zar dem Sohn, der den Dieb fängt? Unterstreiche es im Text grün.**

3 **Lies den Text. Fülle die Lücken.**

Iwan trauerte um sein __________ und ging zu Fuß weiter. Er wanderte Tag um Tag. Am elften Tag war er so erschöpft, dass er sich auf einem __________ niederließ. Da kam der graue __________ aus dem Wald gelaufen und fragte: „Warum bist du so traurig?" Iwan erzählte dem grauen Wolf von dem __________ und seinem Pferd. Der graue Wolf gestand, dass er das Pferd getötet hatte und bot Iwan an, ihn auf seinem __________ zum Feuervogel zu bringen.
Viele Tage und __________ trug der Wolf Iwan über hohe Berge und durch tiefe __________. Schließlich gelangten sie an eine __________.
Sie war von hohen __________ umgeben. Im __________ lebte der Feuervogel.

4 **Welches Bild passt zum Märchenende? Kreuze an.**

☐

☐

☐

Lies das Märchen.

Die kleinen Leute von Swabedoo

(aus Irland)[6]

Vor langer, langer Zeit lebten in einem Ort namens Swabedoo kleine Leute. Sie nannten sich Swabedoodahs. Den ganzen Tag liefen sie mit einem fröhlichen Lächeln herum, denn sie waren sehr glücklich. Sie überreichten sich immer kleine, warme und weiche Pelzchen, wenn sie sich begrüßten. Ein jeder von ihnen trug einen Beutel über seinen Schultern und in diesem Beutel waren viele der Pelzchen. Ein Pelzchen einem anderen Menschen zu überreichen bedeutete: Ich mag dich. So zeigten sich die Swabedoodahs jeden Tag, dass jeder jeden mochte. Sie hatten immer genug Pelzchen, denn wenn man eines verschenkte, bekam man sofort wieder eines.

Ganz einsam, in einer dunklen, kalten Höhle, lebte ein Kobold. Wollte ihm ein Swabedoodah ein Pelzchen schenken, lehnte er es ab. Er hielt das für einen großen Unsinn.

Eines Abends, als der Kobold am Waldrand war, traf er einen kleinen, freundlichen Swabedoodah. „Ist das nicht ein herrlicher Tag heute?“, fragte ihn der freundliche Kleine. Der Kobold antwortete nicht, sondern zog nur ein grimmiges Gesicht. „Hier, nimm ein Pelzchen“, sagte der Swabedoodah. Der Kobold aber sah sich den Beutel an und antwortete: „Nimm dich in Acht. Wenn du weiterhin deine Pelzchen verschenkst, wirst du bald keine mehr haben.“ Das stimmte natürlich nicht, aber es machte den kleinen Menschen so traurig, dass er darüber gar nicht nachdenken konnte.

Bald darauf wurde dem Swabedoodah ein Pelzchen geschenkt. Aber diesmal schenkte er kein Pelzchen zurück. Er sagte zu seinem Bekannten: „Ich will dir einen Rat geben, lieber Freund. Verschenke deine Pelzchen nicht so großzügig, sonst hast du bald keine mehr.“

6 https://getcreactive.de/die-kleinen-leute-von-swabedoo/ und https://www.mikula-kurt.net/app/download/32720560/Die+verschenkte+Freude.pdf, 11.03.2023, 8:15.

Die kleinen Leute von Swabedoo 2

Nach und nach gaben sich immer mehr Swabedoodahs diesen Rat und die Pelzchen wurden nur noch an die allerbesten Freunde verschenkt. Jeder hütete seinen Beutel wie einen Schatz. So kam es, dass sich die kleinen Leute immer mehr veränderten. Sie begrüßten sich kaum noch und lächelten nicht mehr. Ihre Herzen waren misstrauisch und traurig. Da die Anzahl der Pelzchen begrenzt sei, wurden sie zum Tauschmittel. Bald stritten die kleinen Leute darüber, wie viele Pelzchen eine Mahlzeit oder eine Übernachtung kostete.

Der Kobold beobachtete alles vom Waldrand aus und rieb sich die Hände. Er war mit dem Ergebnis seiner Lüge sehr zufrieden. Doch als es den Swabedoodahs so schlecht ging, dass einige kleine Leute starben, hatte der Kobold ein schlechtes Gewissen. Er hatte über Jahre Steine gesammelt und verteilte diese nun an die Swabedoodahs. Wie glücklich sie waren, dass sie nun wieder etwas zum Verschenken hatten. Und nach und nach holten sogar einige Swabedoodahs ihre Pelzchen zum Verschenken hervor.

1 **Welche Reihenfolge ist richtig?**
Nummeriere.

2 **Wie zeigen die kleinen Leute von Swabedoo einander, dass sie sich gern haben?**
Unterstreiche es im Text blau.

3 **Wie fühlen sich die kleinen Leuten von Swabedoo damit?**
Kreuze an.

☐ wütend	☐ traurig	☐ ängstlich
☐ glücklich	☐ fröhlich	☐ misstrauisch

4 **Wie fühlen sich die kleinen Leute von Swabedoo, als sie einander keine Pelzchen mehr schenken?**

☐ wütend	☐ traurig	☐ ängstlich
☐ glücklich	☐ fröhlich	☐ misstrauisch

Hast du schon einmal jemandem gezeigt, dass du ihn gern hast? Wie hast du das gemacht? Hast du schon einmal gespürt, dass du gemocht wurdest? Wie hat sich das angefühlt? Schreibe es auf ein extra Blatt.

Lies das Märchen.

Der Junge und der Zauberfisch

(aus dem Iran)[7]

In einem fernen Land in Persien lebte vor langer, langer Zeit ein Junge. Mit seinen Eltern wohnte er in einer einfachen Fischerhütte. Sie waren sehr arm und sie mussten hungrig ins Bett gehen, wenn der Vater keine Fische fing. Aber der Junge hatte viele Freunde und spielte gerne mit den Kindern am Strand.

Als der Junge groß genug war, sprach die Mutter zu ihm: „Es wird Zeit, dass du deinem Vater hilfst. Geh und fang ein paar Fische!“ Der Junge nahm das Fischernetz und ging ans Meer. Als er das Netz aus dem Wasser zog, sah er darin einen Fisch. Er schillerte in den Farben Rot, Blau und Gold. „Bitte, lass mich frei!“, sprach der Fisch. Der Junge hatte Mitleid und warf den Fisch zurück ins Wasser. Zum Dank schenkte der Fisch ihm eine goldene Zauberschere und sprach: „Alles, was mit ihr ausgeschnitten wird, wird Wirklichkeit.“ Schnell nahm der Junge ein Blatt, das vom Baum gefallen war, und schnitt aus ihm ein Schloss. Kaum war er fertig, begann das Blattschloss zu wachsen. Schließlich war es zu einem herrlichen und großen Schloss geworden.

Schnell lief der Junge zu seinen Eltern und bald standen alle in Samt und Seide da. Sie zogen gemeinsam in das Zauberschloss und lebten in Reichtum. Doch der Junge stand oft am Fenster und beobachtete die anderen Kinder beim Spielen. Gerne wäre er hinausgegangen, doch seine Eltern hatten ihm das Spielen verboten: „Deine Kleider könnten schmutzig werden!“ Er wurde immer trauriger. Eines Tages schlich er sich hinaus zum Meer und rief den Fisch. Dieser sagte: „Komm bei Sonnenaufgang, pfeife dreimal und wirf die Schere in die Wellen. Dann wirst du so glücklich, wie du es mal warst.“

7 https://www.maerchenstiftung.ch/de/maerchen_aus_aller_welt/kindermaerchen/maerchensuche_kindermaerchen/987/der-junge-und-der-zauberfisch, 15.03.2023, 12:22.

Am nächsten Morgen tat der Junge, wie es der Fisch gesagt hatte. Als die Schere in den Wellen verschwand, war auch das Schloss verschwunden und der Junge stand in seinen abgetragenen Kleidern da. Vor Freude hüpfte er auf und ab und rannte nach Hause. Dort warteten schon seine Eltern und nahmen ihn glücklich in die Arme.

Arbeitsblatt: Der Junge und der Zauberfisch

1 **Lies die Sätze.**
Welche Sätze passen zum Märchen?
Umkreise die Buchstaben.
Sie ergeben von unten nach oben gelesen ein Lösungswort.

Mit seinen Eltern wohnte der Junge in einer einfachen Fischerhütte.	H
Er hatte viele Freunde und spielte gerne mit den Kindern am Strand.	C
Der Fisch schenkt ihm zum Dank einen Zauberschlüssel.	K
Die Familie zog gemeinsam in das Zauberschloss und lebte in Reichtum.	S
Der Junge wäre gerne hinausgegangen, um mit den anderen Kindern zu spielen.	I
Eines Nachts schlich er sich hinaus zum Meer und sammelte Muscheln.	O
Am nächsten Morgen warf der Junge die Schere ins Meer.	F

Lösungswort: ☐☐☐☐☐

2 **Wie oft kommen diese Wörter im Text vor?**
Trage ein.

☐ Junge ☐ Fisch ☐ Schere ☐ Schloss

3 **Dank der Zauberschere lebte der Junge mit seinen Eltern in einem Schloss in Reichtum.**
Warum wird er trotzdem immer trauriger?
Unterstreiche es im Text grün.

4 **Was würdest du mit einer Zauberschere ausschneiden, damit es Wirklichkeit wird?**
Male.

5 **Was können wir von der Geschichte lernen?**
Kreuze an.

☐ Mehr besitzen ist nicht immer besser.
☐ Wer alles haben will, bekommt am Ende nichts.

Arbeite mit einem Partnerkind: Lest das Märchen *Vom Fischer und seiner Frau* von den Brüdern Grimm. Vergleicht es mit dem Märchen *Der Junge und der Zauberfisch*. Welche Gemeinsamkeiten haben die Märchen? Welche Unterschiede gibt es? Schreibt es auf und stellt euer Ergebnis der Klasse vor.

Lies das Märchen.

Stiefelchen

(aus Schweden)[8]

Es war einmal eine Prinzessin, die wunderschön war. Sie hatte aber einen Fehler: Immerzu log sie. Der König und die Königin waren verzweifelt und beschlossen, der Prinzessin auch Lügen aufzutischen. Der König sprach: „Sie wird uns nicht glauben. Und wenn sie sich ärgert, wird sie rufen: ‚Das ist nicht wahr'. So können wir sie heilen!" Doch was sie auch erzählten, nie kam es dazu, dass die Prinzessin sagte: „Das ist nicht wahr!"

Im ganzen Land ließ der König deshalb verkünden, dass junge Männer zum Schloss kommen und Lügengeschichten erzählen sollten. Der Mann, der seine Tochter dazu brächte, zu sagen: „Das ist nicht wahr!", sollte sie zur Frau haben. Von überallher kamen die Männer und gaben sich Mühe, der Prinzessin die Worte zu entlocken. Aber niemand schaffte es.

Im Reich lebte ein hübscher Schustersohn. Alle nannten ihn nur Stiefelchen. Eines Tages kam Stiefelchen zum Schloss und wurde zur Prinzessin geführt. „Alle haben bislang nur langweilige Geschichten erzählt", klagte die Prinzessin. „Bald mache ich Urlaub auf dem Mond. Dort hat mein Vater ein Haus gebaut, dass so groß ist, dass ich eine Woche brauche, wenn ich durch alle Zimmer gehen will." „Das Haus, das mein Vater auf der Sonne gebaut hat, ist viel größer!", entgegnete Stiefelchen. „Das ist nichts gegen den Ochsen meines Vaters", sagte die Prinzessin. „Zwischen seinen Hörnern hat ein Heuwagen Platz." Da erwiderte Stiefelchen: „Zwischen die Hörner des Ochsen meines Vaters kannst du eine Scheune stellen." „Ja, ja", sagte die Prinzessin. „Was aber sagst du zu dem Apfelbaum, den ich gepflanzt habe. Die Äpfel sind so groß wie Wagenräder."

8 https://www.maerchenstiftung.ch/de/maerchen_aus_aller_welt/kindermaerchen/maerchensuche_kindermaerchen/1618/stiefelchen, 15.03.2023, 15:43.

Stiefelchen 2

„Das ist nichts gegen meinen Apfelbaum. Am ersten Abend war er schon so hoch wie ein Kirchturm. Ich kletterte hinauf, um Äpfel zu pflücken. Bald war ich in den Wolken. Dann trug mich der Wind dreimal um die Erde. Er ließ mich fallen und ich landete in einem Fuchsloch. Dort hast du gesessen und meine Stiefel geflickt!“

„Das ist nicht wahr!“, rief die Prinzessin da. So konnte Stiefelchen die Prinzessin heiraten und bekam das halbe Königreich dazu. Einmal in der Woche dachten sich Stiefelchen und seine Frau die tollsten Lügengeschichten aus.

1 **Schneide die Puzzleteile mit den Antworten aus.**

2 **Klebe sie auf die richtigen Fragen.**

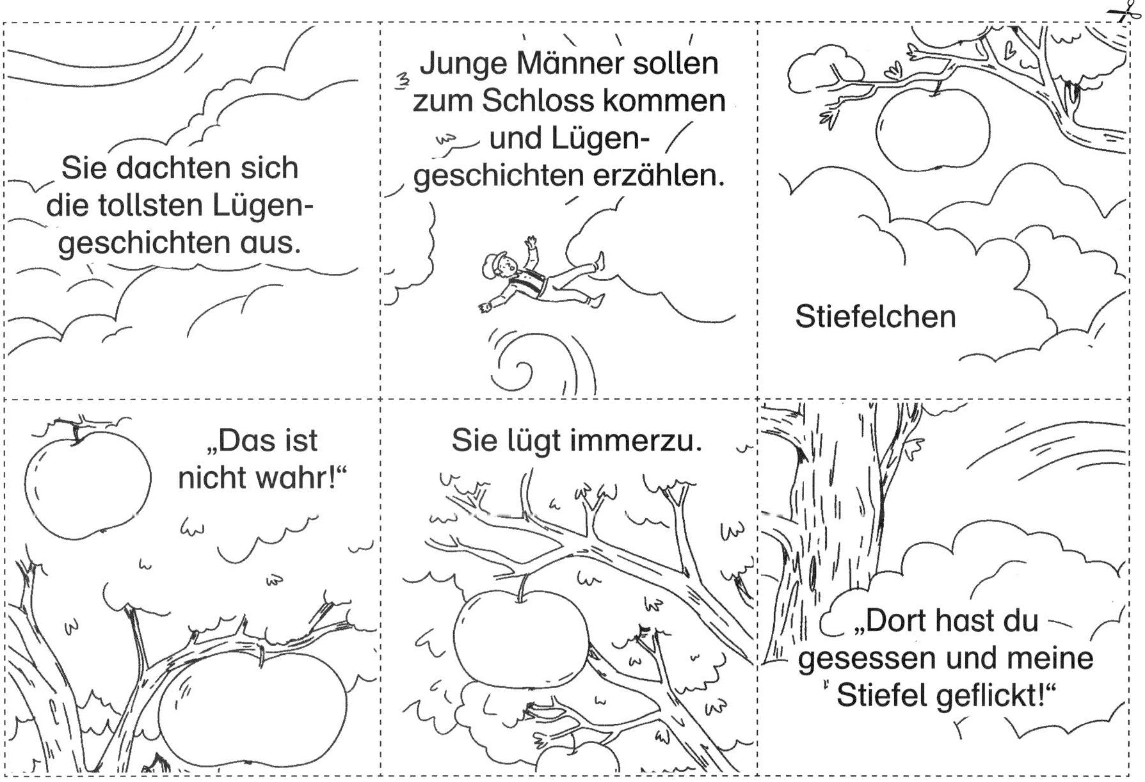

Welchen Fehler hat die wunderschöne Prinzessin?	Was hat die Prinzessin noch nie gesagt?	Was ließ der König im ganzen Land verkünden?
Wie wurde der hübsche Schustersohn von allen genannt?	Wie endet die Lügengeschichte von Stiefelchen?	Was taten Stiefelchen und seine Frau einmal die Woche?

Arbeite mit einem Partnerkind: Überlegt euch eine Lügengeschichte. Schreibt sie auf und stellt die Geschichte der Klasse vor.

Lies das Märchen.

Der Hirtenjunge

(aus Slowenien)[9]

Es war einmal ein armer Junge. Jeden Tag hütete er die Schafe, Kühe und Ziegen aus dem Dorf. Vom Morgen bis zum Abend führte er sie an die grünen Hänge entlang der Küste. An einem Tag im Sommer brannte die Sonne unbarmherzig vom Himmel. Mitten im trockenen Gras sah der Junge drei junge Frauen schlafen. Noch nie hatte er so schöne und zarte Geschöpfe gesehen und sie glichen sich aufs Haar. Damit sie sich in der Sonne nicht verbrannten, riss er von einer Linde Zweige ab und steckte sie vor den drei Frauen als Schattenspender in die Erde.

Die Frauen waren Feen und hatten genau mitbekommen, was der Junge getan hatte. „Wir wollen uns bei dir bedanken. Du hast einen Wunsch frei“, sprachen sie. Doch der Junge war viel zu schüchtern, um einen Wunsch zu äußern. Da boten ihm die Feen Geld an. Da der Junge aber noch nie Geld in der Hand hatte, schüttelte er nur mit dem Kopf. Da sprachen die Feen: „Wenn du die Tiere heute Abend in das Dorf zurücktreibst, wirst du hinter dir das Läuten von Glöckchen hören. Drehe dich aber nicht um, bis du zu Hause bist.“ Dann waren die drei Feen verschwunden.

Als der Junge am Abend seine kleine Herde nach Hause trieb, hörte er immer mehr Glöckchen hinter sich. Auf dem halben Weg war die Neugier zu groß und er drehte sich um. Da sah er Schafe, Kühe und Ziegen aus dem Meer aufsteigen und hinter seiner Herde herlaufen. Kaum hatte er sich umgedreht, kamen jedoch keine Tiere mehr aus dem Wasser.

Wenn er nicht zurückgeschaut hätte, wäre seine Herde noch viel größer geworden. Aber auch so hatten ihn die Feen reich beschenkt. Er besaß nun so viele Tiere, dass er auch den Armen im Dorf einige abgeben konnte.

9 https://www.maerchenstiftung.ch/de/maerchen_aus_aller_welt/kindermaerchen/maerchensuche_kindermaerchen/10175/der-hirtenjunge, 15.03.2023, 18:03.

1 **In jedem Satz ist ein Wort falsch. Streiche es durch und schreibe den Satz richtig auf.**

Jeden Tag hütet der Hirtenjunge die Schafe, Kühe und Ochsen aus dem Dorf.

____

Mitten im trockenen Gras sieht der Junge drei junge Frauen spielen.

____

Die Frauen sind Hexen und haben genau mitbekommen, was der Junge getan hat.

____

Da der Junge aber noch nie Seide in der Hand hatte, schüttelt er nur mit dem Kopf.

____

Kaum hatte er sich umgedreht, kamen jedoch keine Tiere mehr aus dem Himmel.

____

Er besitzt nun so viele Münzen, dass er auch den Armen im Dorf einige abgeben kann.

____

2 **Welche Sätze passen zum Bild? Male sie an.**

Er riss von einer Linde Blätter ab und bedeckte die Frauen damit.
Er riss von einer Linde Zweige ab und steckte sie in die Erde.
Er sammelte die Nüsse der Linde und gab sie den Frauen.

Er sah Schafe, Kühe und Ziegen aus dem Boden aufsteigen.
Er sah Schafe, Kühe und Ziegen vom Himmel herabsteigen.
Er sah Schafe, Kühe und Ziegen aus dem Meer aufsteigen.

Lies das Märchen.

Die zwei Wiesenmäuse

(aus Nordamerika)[10]

Es lebten einmal zwei Mäuse auf einer Wiese. Eine Maus war sehr fleißig. Sie sammelte von früh bis spät Vorräte für den Winter. Sie holte Knollen und Früchte, trug Samen der Gräser in ihre Höhle und grub Wurzeln aus.

Sorgenvoll schaute sie auf die Sonne und dachte: „Noch ist Sommer. Bald aber kommt der Herbst.“ Als der Herbst kam, dachte sie: „Noch ist Herbst, aber bald kommt der Winter.“ Sie gönnte sich keine Ruhe und sammelte noch fleißiger, bis alle Kammern mit Vorräten gefüllt waren.

Die andere Maus war faul. Erst wenn die Sonne schon hoch am Himmel stand, wachte sie auf und wenn sie auf der Wiese stand, begann sie zu tanzen. Sie führte ein gutes Leben und sang und tanzte. Als es kalt wurde, fing auch die faule Maus an, Vorräte zu sammeln. Sie fand nur noch wenige Nüsse und Körner. Schnell hatte sie im kalten Winter alles aufgefressen und fror und hungerte. Sie wurde immer schwächer und ging schließlich zur Höhle der fleißigen Maus.

Da die fleißige Maus aber keine Lust hatte, die Vorräte zu teilen, die sie so mühsam gesammelt hatte, schickte sie die hungrige Maus fort. Kaum war diese gegangen, langweilte sie sich in ihrer Höhle. Sie sprang auf und lief zur Höhle der anderen Maus. „Komm!“, rief sie. „Wenn du den ganzen Winter mit mir plauderst, singst und tanzt, teile ich meine Vorräte mit dir.“

So saßen sie den Winter über zusammen in der Höhle, aßen Knollen und Samen und tanzten. Du glaubst es nicht? Geh und schau nach!

10 https://www.maerchenstiftung.ch/de/maerchen_aus_aller_welt/kindermaerchen/maerchensuche_kindermaerchen/1628/die-zwei-wiesenmaeuse, 16.03.2023, 10:28.

1 Verbinde die Satzteile.

Eine Maus war sehr fleißig, sie	schlief lange und tanzte auf der Wiese.
Sie holte Knollen und Früchte und trug	sammelte von früh bis spät Vorräte für den Winter.
Sie sammelte so lange, bis alle	Samen der Gräser in ihre Höhle.
Die andere Maus war faul, sie	zur Höhle der fleißigen Maus.
Erst als es kalt wurde, begann sie,	Kammern mit Vorräten gefüllt waren.
Sie fand nur noch wenige Nüsse und	Vorräte zu sammeln.
Sie fror und hungerte und ging schließlich	Körner und hatte schnell alles aufgefressen.

2 Wie reagiert die fleißige Maus, als die faule Maus bei ihr vor der Höhle steht? Schreibe es auf.

____

____

3 Warum ändert die fleißige Maus ihre Meinung? Unterstreiche die Antwort im Text blau.

4 Was soll die faule Maus dafür tun? Unterstreiche die Antwort im Text grün.

3 Wie würdest du dich verhalten? Wähle einen Satzanfang aus. Beende ihn.

Ich würde im Sommer Vorräte für den Winter sammeln, weil …

Ich würde im Sommer keine Vorräte sammeln, sondern tanzen, weil …

Lies das Märchen.

Ein wirklicher Freund

(aus Indien)[11]

Es lebten einmal zwei Jungen in einem Wald. Die Jungen hießen Nikhil und Feroz. Sie waren sehr gute Freunde und machten alles zusammen. Sie spielten jeden Tag zusammen und aßen gemeinsam. Über ihre enge Freundschaft sprachen alle im Wald.

Als sie eines Tages im Wald spielten, schlich sich plötzlich ein Bär heran. Als Feroz den Bären bemerkte, kletterte er schnell auf einen nahe stehenden Baum. Nikhil aber konnte nicht gut klettern. Er war verzweifelt und fragte sich: „Was soll ich nur machen?“ Da kam ihm eine Idee. Er legte sich auf den Boden und war mucksmäuschenstill. Er tat, als wäre er tot, und wagte nicht einmal zu atmen.

Der Bär kam dicht an den liegenden Jungen heran. Er roch an seinem Ohr und es sah fast so aus, als würde er Nikhil etwas ins Ohr flüstern. Der Bär sagte zu sich selbst: „Ich kann ihn nicht fressen. Schließlich ist er nicht mehr frisch, sondern schon tot.“ Dann bemerkte der Bär Feroz auf dem Baum und dachte: „Schade, dass ich nicht klettern kann.“ Enttäuscht ging er fort.

Feroz kletterte vom Baum hinunter und sagte zu seinem Freund: „Zum Glück sind wir noch am Leben! Was hat der Bär dir denn zugeflüstert?“

Daraufhin antwortete Nikhil: „Der Bär hat mir gesagt, dass man einen wahren Freund in der Not erkennt.“ Nikhil verließ Feroz daraufhin für immer.

11 in Anlehnung an: https://www.goethe.de/lrn/prj/mlg/mai/mem/de8898759.htm und https://www.meinunterricht.de/arbeitsblaetter/deutsch/literarische-charakterisik/dokument/indisches-maerchen-ein-wirklicher-freund/, 18.03.2023, 11:40.

1 **Schneide das Bänderrätsel aus.**

2 **Falte die Lösung nach hinten.**

3 **Nimm dir einen Faden. Beginne oben rechts. Führe den Faden weiter.**

		Bär heran. Als Feroz den Bären bemerkte, kletterte er schnell auf einen nahe stehenden …	**Ein wirklicher Freund** Es lebten einmal zwei Jungen in einem Wald. Die Jungen hießen …
		Nikhil und Feroz. Sie waren sehr gute …	Freunde und machten alles zusammen. Sie spielten jeden Tag zusammen und aßen …
		Feroz auf dem Baum und dachte: „Schade, dass ich nicht klettern kann.“ Enttäuscht ging er …	Wald. Als sie eines Tages im Wald spielten, schlich sich plötzlich ein …
		gemeinsam. Über ihre enge Freundschaft sprachen alle im …	Baum. Nikhil aber konnte nicht gut klettern. Er war verzweifelt Da kam ihm eine Idee. Er legte sich auf den …
		Ohr und es sah fast so aus, als würde er Nikhil etwas ins Ohr flüstern. Der Bär sagte zu sich selbst: …	„Ich kann ihn nicht fressen. Schließlich ist er nicht mehr frisch, sondern schon tot.“ Dann bemerkte der Bär …
		Boden und war mucksmäuschenstill. Er tat, als wäre er tot, und wagte nicht einmal zu …	fort. Feroz kletterte vom Baum hinunter und sagte zu seinem …
		Freund: „Zum Glück sind wir noch am Leben!“	atmen. Der Bär kam dicht an den liegenden Jungen heran. Er roch an seinem …

Lies das Märchen.

Die Wasserstelle

(aus Ghana)[12]

Es war einmal nach einer langen Trockenzeit, als die Erde nur noch mit dürrem Gras bedeckt war. Dazwischen lag Staub. Der Staub war überall und die Tiere litten Durst. Da zogen plötzlich ein paar Regenwolken auf. Es regnete in die ausgetrockneten Wasserlöcher doch die heiße Sonne Afrikas ließ sie schnell wieder ausdörren. Nur ein einziges Wasserloch blieb übrig. Dieses war etwas tiefer.

Da kam ein Elefant vorbei und jagte alle Tiere davon: „Das Wasser gehört mir!“, posaunte er. Er füllte seinen Bauch mit kühlem Wasser. Als sein Magen zu knurren begann, wollte er auf Futtersuche gehen. Einer Schildkröte befahl er: „Bleib bei meinem Wasser und pass darauf auf. Niemand darf hier trinken!“

Schon bald kam die Giraffe zum Wasserloch. Sie fragte die Schildkröte: „Darf ich etwas Wasser trinken?“ Doch die Schildkröte entgegnete: „Das Wasser gehört dem Elefanten.“ Die Giraffe widersprach nicht. Als Nächstes kam ein Zebra. Dann ein Affe. Danach ein Strauß. Und so ging es den ganzen Tag. Immer kamen Tiere und fragten nach dem Wasser. Aber kein Tier trank davon.

Dann versank die Sonne hinter dem Grasland. Als letztes Tier kam der Savannenhase mit seinen kleinen Hasenkindern angehoppelt. Sie waren schon ganz matt vor Durst und sahen halb verdurstet aus. Als die Schildkröte die Hasenkinder sah, sagte sie nicht ihren gewohnten Satz, sondern sprach stattdessen: „Das Wasser gehört allen, die Durst haben.“

Da schlürften die Hasenkinder das frische Wasser und auch die anderen Tiere tranken. Der Wasserspiegel sank und sank. Im Morgengrauen kam der Elefant zurück.

12 In Anlehnung an: http://www.kuntu.de/wasserestelle.htm und https://berliner-maerchentage.de/multimedia/366-online-uebertragung/, 25.03.2023, 14:11.

„Wo ist mein Wasser?“, fragte er die Schildkröte. „Die Tiere haben es getrunken“, antwortete sie. Da wurde der Elefant wütend und fragte die Schildkröte: „Soll ich dich zerbeißen oder ganz herunterschlucken?“ „Bitte schlucke mich ganz herunter“, sagte die Schildkröte.

Der Elefant hob sie hinauf und schwang sie durch die Luft. Doch bevor er die Schildkröte schlucken konnte, eilten die anderen Tiere herbei. Die Tiere, die die Schildkröte zuvor hatte trinken lassen. Sie befreiten die Schildkröte und schoben den Elefanten mit vereinten Kräften hinter eine Grasdüne. Da schmollte er lange.

Die Tiere in der Savanne aber wissen seitdem: Das Wasser, die Früchte der Erde und die Luft gehören allen – und nicht nur einem allein.

Arbeitsblatt: Die Wasserstelle

1 **Lies die Sätze.**
In welcher Reihenfolge kommen sie im Märchen vor?
Nummeriere.

	Nur ein einziges Wasserloch blieb übrig.
	Sie befreiten die Schildkröte und schoben den Elefanten mit vereinten Kräften hinter eine Grasdüne.
1	Der Staub war überall und die Tiere litten Durst.
	Der Elefant hob die Schildkröte hinauf und schwang sie durch die Luft.
	Als letztes Tier kam der Savannenhase mit seinen kleinen Hasenkindern angehoppelt.
	Da schlürften die Hasenkinder das frische Wasser und auch die anderen Tiere tranken.

2 **Welche Sätze sind richtig?**
Kreuze an.

a. Als der Magen des Elefanten zu knurren begann, …
- ☐ blieb er trotzdem am Wasserloch.
- ☐ wollte er die Schildkröte fressen.
- ☐ wollte er auf Futtersuche gehen.

b. Zuerst kam die Giraffe zur Wasserstelle, dann ein ...
- ☐ Elefant, ein Affe und ein Strauß.
- ☐ Zebra, ein Affe und ein Strauß.
- ☐ Zebra, ein Gnu und ein Strauß.

c. Alle Tiere tranken und der Wasserspiegel …
- ☐ sank und sank.
- ☐ stieg immer mehr.
- ☐ blieb auf wundersame Weise gleich.

d. Als der Elefant die Schildkröte schlucken wollte, ...
- ☐ stellte sie sich tot.
- ☐ eilten die anderen Tiere zur Hilfe.
- ☐ schauten die anderen Tiere beschämt weg.

3 **Was bedeutet das Wort *schmollen*?**
Schreibe es auf.

____

4 **Was wissen die Tiere in der Savanne seitdem?**
Schreibe es auf.

____

Lies das Märchen.

Der weiße Bär König Valemon

(aus Norwegen)[13]

Es war einmal eine schöne und freundliche Königstochter, die eines Nachts von einem goldenen Kranz träumte. Sie hatte fortan das Gefühl, nicht mehr ohne diesen Kranz leben zu können. Sie wurde trübsinnig und der König ließ daraufhin bei den Goldschmieden im ganzen Land Goldkränze anfertigen. Doch kein Kranz war der Königstochter gut genug.

Eines Tages sah die Prinzessin im Wald einen Eisbären. Er trug den goldenen Kranz, von dem sie geträumt hatte. Sie bot dem Eisbären an, den Kranz abzukaufen, aber dieser hatte eine andere Bedingung: Er war bereit, ihr den Kranz zu geben, wenn sie seine Frau würde.

Der Königstochter war dies egal und sie willigte ein. Hauptsache, sie könnte den Kranz bekommen. Sie verabredeten, dass sie der weiße Bär König Valemon in drei Tagen holen würde.

Der Eisbär nahm sie nach drei Tagen mit in sein prächtiges Schloss. Tags war der Bär nicht da, aber nachts wurde er zum Menschen und war bei ihr. Doch die Königstochter wusste nicht, wer der Mensch neben ihr im Bett war, denn sie konnte ihn nicht sehen. Da sie tags allein war, wurde sie immer trauriger und wollte ihre Eltern besuchen. „Höre auf das, was dein Vater dir sagt. Nicht auf das, was deine Mutter dir sagt", sprach der Eisbär zum Abschied.

Als die Königstochter den Eltern von den nächtlichen Besuchen erzählte, war die Mutter besorgt. Sie riet ihrer Tochter, sich den Mann mit einer Kerze anzusehen, wenn dieser eingeschlafen war.

13 in Anlehnung an: www.zeno.org/Märchen/M/Norwegen/Klara+Stroebe%3A+Nordische+Volksmärchen/29.+Der+weiße+Bär+König+Valemon und http://www.maerchenatlas.de/aus-aller-welt/norwegische-marchen/east-of-the-sun-and-west-of-the-moon/, 25.03.2023, 16:11.

Der weiße Bär König Valemon 2

Die Prinzessin befolgte den Rat und sah nachts mit einer Kerze, dass ein wunderschöner Prinz in ihrem Bett lag. Es tropfte etwas Wachs auf ihn, während sie ihn küsste. Durch das Wachs erwachte der Prinz und teilte ihr todunglücklich mit, dass er nun eine böse Hexe heiraten muss, die ihn verzaubert hatte.

Die Königstochter durfte den Prinzen zu seiner zukünftigen Frau nicht begleiten. Doch sie hielt sich an seinem Fell fest, als sich dieser auf den Weg zur Hexe machte. Bald aber wurde sie so müde, dass sie sich nicht mehr an ihm festhalten konnte. Als sie zu sich kam, war der Eisbär bereits weg. Das Einzige, was sie tun konnte, war, ihn zu suchen. Sie kam an drei Hütten vorbei und begegnete dort drei Frauen auf ihrer Reise durch den Wald. Sie alle gaben ihr für die Weiterreise einen Zaubergegenstand mit: eine Schere, mit der man keinen Mangel an Kleidern hatte, eine Flasche, aus der man einschenken konnte, was man wollte, und ein Tuch, das sich mit guten Speisen deckte.

Die Prinzessin kam schließlich an einer vierten Hütte vorbei und half der armen Familie mit ihren Zaubergegenständen. Der Mann zeigte ihr daraufhin als Dank den Weg zur Hexe. Die Königstochter erreichte ein paar Tage vor der Hochzeit das Schloss der Hexe. Die Hexe hatte ein Auge auf die Zaubergegenstände geworfen und gestattete der Prinzessin, eine Nacht mit dem Prinzen zu verbringen. Im Gegenzug erhielt sie die Gegenstände. Durch eine List gelang es dem Prinzen und der Königstochter, die Hexe zu töten. Sie stifteten die Zimmerleute an, in die Brücke, über die der Hochzeitszug gehen würde, einen losen Balken einzulassen. Da es damals üblich war, dass die Braut vorne ritt, senkte sich der Balken mit der Braut und den anderen Hexen, die Brautjungfern waren.

Der König Valemon und die Königstochter gingen zurück ins Schloss und zogen mit den Reichtümern der Hexe zurück in ihr Reich.

1 **Welche Reihenfolge ist richtig? Nummeriere.**

2 **Lies den Text. Fülle die Lücken.**

Als sie zu sich kam, war der ____________________ bereits weg. Das Einzige, was sie tun konnte, war, ihn zu ____________________. Sie kam an drei ____________________ vorbei und begegnete dort drei ____________________ auf ihrer Reise durch den Wald. Sie alle gaben ihr für die Weiterreise einen ____________________ mit: eine ____________________, mit der man keinen Mangel an Kleidern hatte, eine ____________________, aus der man einschenken konnte, was man wollte, und ein ____________________, das sich mit guten Speisen deckte.

Arbeite mit einem Partnerkind: Lest das Märchen *Die Schöne und das Biest* von Jeanne-Marie Leprince de Beaumont. Vergleicht es mit dem Märchen *Der weiße Bär König Valemon*. Welche Gemeinsamkeiten haben die Märchen? Welche Unterschiede gibt es? Schreibt es auf und stellt euer Ergebnis der Klasse vor.

Lies das Märchen.

Der Puma und die Grille

(aus Südamerika)[14]

Eines Tages begegneten sich im dichten Gestrüpp des Urwaldes ein Puma und eine Grille. Beide waren die mächtigsten Tiere ihres Volkes. Der Puma war der König und die Grille die Königin. Sie begannen, darüber zu streiten, wer von ihnen die größere Macht hatte. Der Puma hielt sich für stärker, immerhin war er groß, kräftig und von allen gefürchtet. Er war sich sicher, dass ihm die Grillen unterlegen waren. „Auch wenn du der König der Vierfüßler bist, so bin ich doch die Königin der Sechsfüßler“, entgegnete die Grille. „Auch wenn wir klein sind, so arbeiten wir doch gut zusammen und wir sind viele.“ Das machte den Puma wütend: „Es ist ein Leichtes für mich, dich zu zerquetschen!“ Da forderte die Grille den Puma zum Kampf heraus. Sie verabredeten sich für den folgenden Tag.

Am nächsten Tag kamen die Vierfüßler des Urwaldes: Jaguare, Wildkatzen, Hunde, Stiere, Hirsche, Lamas und Hasen. Sie trafen verspätet am verabredeten Platz ein, da sie erst einmal klären mussten, wer vorne und wer hinten gehen sollte. Außerdem hatte der Puma Mühe damit, die Jaguare davon abzuhalten, die Hirsche zu jagen, und die Hunde daran zu hindern, die Hasen zu fressen. „Wir müssen doch zusammenarbeiten. Hört endlich auf die streiten“, rief er.

Die Bienen, Grillen, Wespen, Hummeln, Ameisen und Wanzen aber waren es gewohnt zusammenzuarbeiten. Sie verständigten sich ohne viele Worte und halfen sich gegenseitig. Sie hatten einen genauen Plan. Zu Tausenden stachen sie die großen Tiere in die Ohren, Nasen, Augen und Zungen. Diese konnten bald nicht mehr hören, sehen oder riechen. Die Sechsfüßler griffen von allen Seiten an: Die klugen Honigbienen überlisteten die Bären und lockten sie mit Honig in eine Falle.

14 In Anlehnung an: https://www.youtube.com/watch?v=f2dTK9ETib4, 25.03.2023, 17:32.

Die Ameisen kletterten den Lamas ins Fell und kitzelten sie. Die Insekten trieben die Hasen vor die Hufe der Hirsche … Die Sechsfüßler kamen aus dem Boden oder ließen sich von Bäumen fallen. Es dauert nicht lange, da schmissen sich die Vierfüßler in den nächsten Fluss.

Die Sechsfüßler hatten eindeutig gewonnen, denn sie hatten sich zusammengetan und waren gemeinsam stark.

Arbeitsblatt: Der Puma und die Grille

1 Welche Sätze kommen im Märchen vor? Male sie an.

Beide waren die mächtigsten Tiere ihres Volkes.	Der Puma war der König und die Grille die Königin.	Da forderte die Grille den Puma zum Kampf heraus.
Am nächsten Tag kamen nur die Sechsfüßler des Urwaldes.	Sie verständigten sich ohne viele Worte und halfen sich gegenseitig.	
Die beiden unterhielten sich eine Weile freundlich.	Sie verabredeten sich für den folgenden Tag.	Die Grille war sich sicher, dass ihr der Puma unterlegen war.
Die Sechsfüßler hatten eindeutig gewonnen, denn sie hatten sich zusammengetan und waren gemeinsam stark.		

2 Lies die Sätze und male ein passendes Bild auf die Rückseite.

Am nächsten Tag kamen die Vierfüßler des Urwaldes: Jaguare, Wildkatzen, Hunde, Stiere, Hirsche, Lamas und Hasen. Der Puma hatte Mühe damit, die Jaguare davon abzuhalten, die Hirsche zu jagen und die Hunde daran zu hindern, die Hasen zu fressen.

3 Welche Satzteile gehören zusammen? Verbinde.

Die klugen Honigbienen ○	○ kletterten den Lamas ins Fell und kitzelten sie.
Die Ameisen ○	○ trieben die Hasen vor die Hufe der Hirsche.
Die Insekten ○	○ überlisteten die Bären und lockten sie mit Honig in eine Falle.

4 Wie schafften es die Sechsfüßler zu gewinnen? Schreibe es auf.

____

____

____

Lies das Märchen.

Der Kranich und die Krähe

(aus Australien)[15]

Es war einmal ein Kranich. Der war ein großer Fischer und fing eine große Anzahl von Fischen. Er pflegte sie mit den Füßen unter den Baumstämmen hervorzujagen und zu fangen.

Eines Tages kam eine Krähe vorbei und bat den Kranich um ein paar Fische. Sie war damals noch ganz weiß. „Warte noch, bis sie gar sind“, sprach der Kranich. Die Krähe aber war ungeduldig und quengelte fortwährend. Der Kranich antwortete stets: „Warte noch ein wenig!“

Als sich der Kranich einmal abwandte und der Krähe den Rücken kehrte, schlich diese beiseite und wollte einen Fisch nehmen. Dies bemerkte der Kranich und schlug der Krähe einen Fisch um die Ohren. Sie konnte einen Moment nichts sehen, stürzte in das verbrannte Gras der Kochstelle und wälzte sich darin vor Schmerzen. Seitdem waren nur noch ihre Augen weiß, das Gefieder war schwarz.

Den Streich wollte die Krähe dem Kranich heimzahlen und wartete eine Gelegenheit ab. Als der Kranich eines Tages am Ufer schlief, schlich sie mit einer Fischgräte herbei und steckte sie ihm unter das Zungenbein. Als der Kranich aufwachte und gähnen wollte, spürte er ein unangenehmes Gefühl in seinem Hals. Durch Räuspern versuchte er, den Fremdkörper loszuwerden. Aber es war vergeblich: Die Gräte blieb stecken. Seitdem ruft der Kranich bis heute mit heiserer Stimme: „Ga-ra-ga!“ Die Eingeborenen benennen ihn nun danach.

15 https://maerchenbasar.de/klassische-maerchen/australien/34-australien/978-der-kranich-und-die-kraehe.html, 26.03.2023, 09:56.

Arbeitsblatt: Der Kranich und die Krähe

1 Sind die Aussagen richtig oder falsch?
Umkreise die Buchstaben.
Sie ergeben von oben nach unten gelesen ein Lösungswort.

	richtig	falsch
Der Kranich war ein großer Fischer.	F	K
Er fing eine große Anzahl von Fischen.	I	A
Er holte sie mit dem Schnabel unter den Baumstämmen hervor.	R	S
Eine Krähe bat den Kranich um ein paar Fische.	C	F
Die Krähe war damals noch ganz schwarz.	J	H
Der Krähe fiel es leicht, auf den Fisch zu warten.	P	G
Sie stürzte in das verbrannte Gras der Kochstelle.	R	W
Die Krähe wälzte sich vor Schmerzen und ihr Gefieder war seitdem schwarz.	Ä	T
Die Krähe wollte dem Kranich den Streich heimzahlen.	T	O
Sie legte ihm eine Fischgräte unter die Flügel.	S	E

Lösungswort:

☐☐☐☐☐☐☐☐☐☐

2 Welches Bild passt zum Märchenende?
Kreuze an.

☐

☐

☐

Gestalte eine Leserolle zu deinem Lieblingsmärchen.

1 **Klebe die einzelnen Vorlagen auf Blätter und klebe sie zu einer Schriftrolle aneinander.**

2 **Ergänze auf einem extra Blatt:**
- **Mein Brief an meine Lieblingsfigur.**
- **Das habe ich über den Autor / die Autorin herausgefunden.**

3 **Präsentiere das Märchen mithilfe deiner Leserolle.**

Meine Lieblingsfigur

Sie ist meine Lieblingsfigur, weil ...

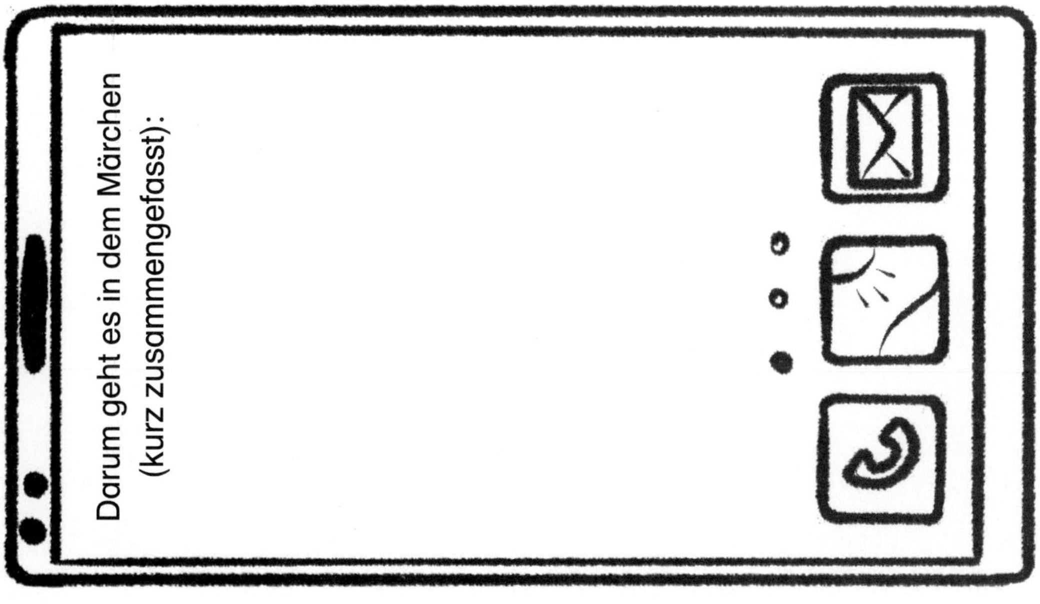

Leserolle *Mein Lieblingsmärchen* 2

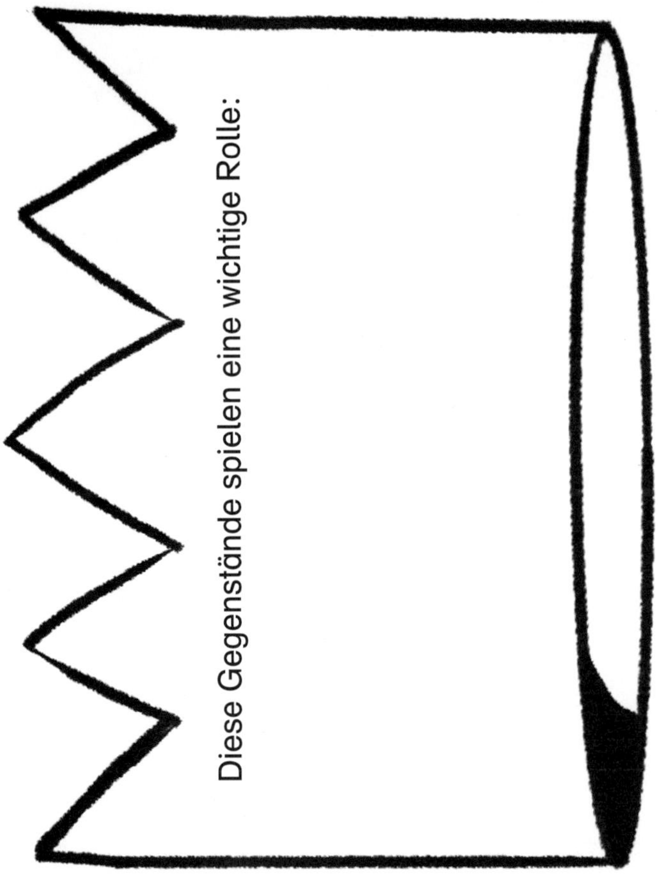

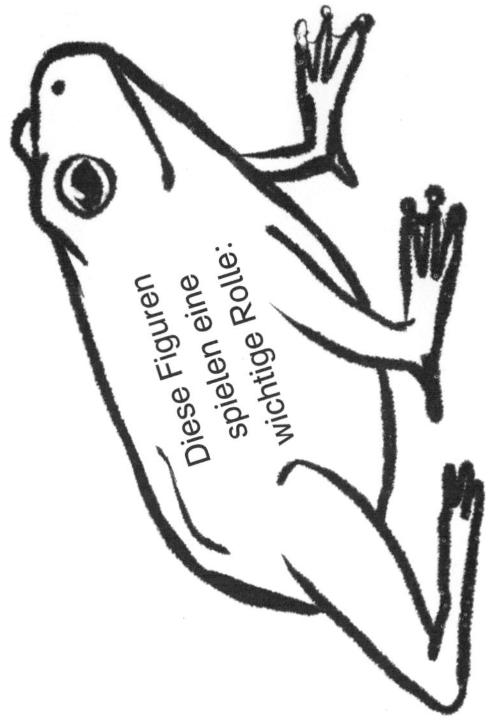

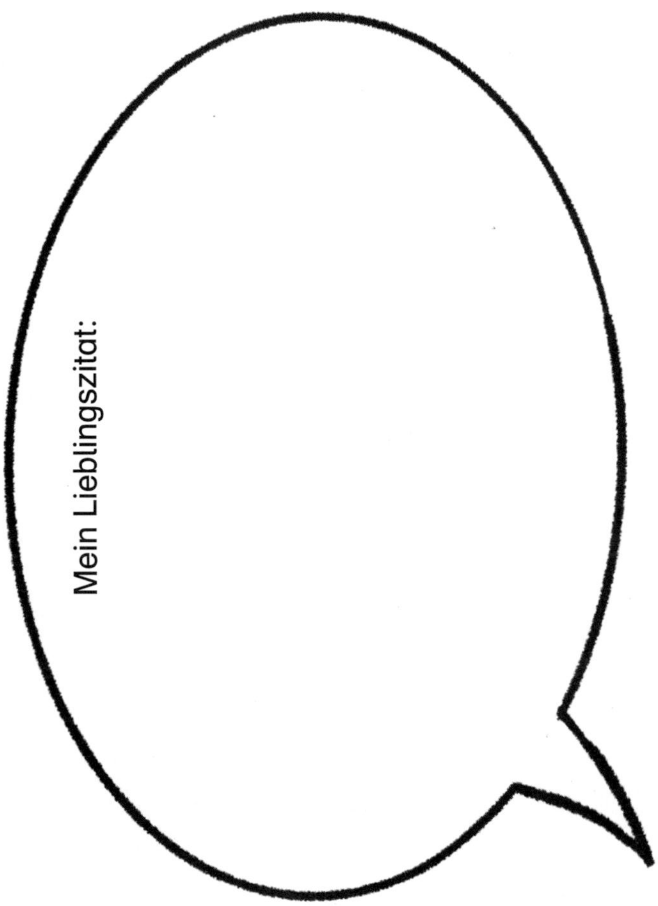

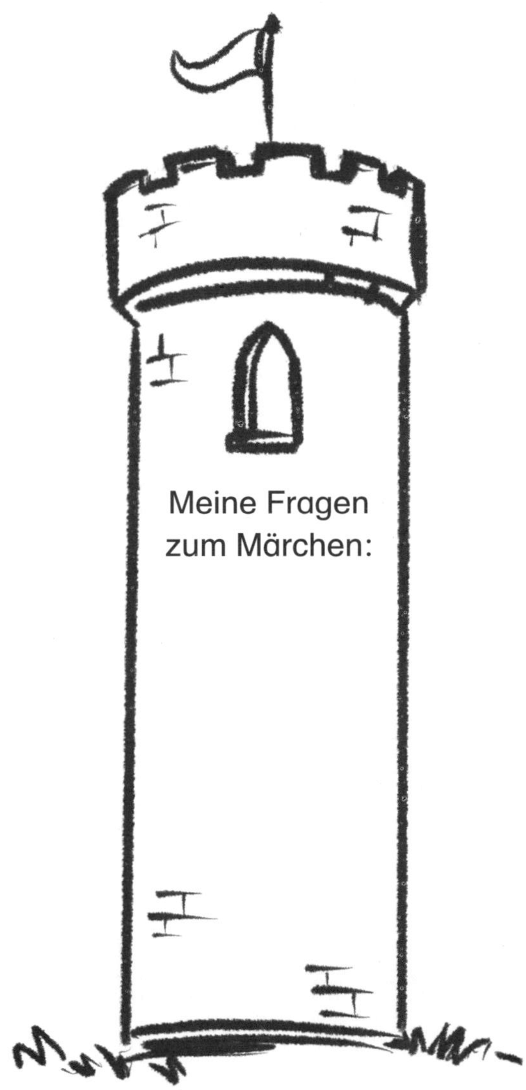

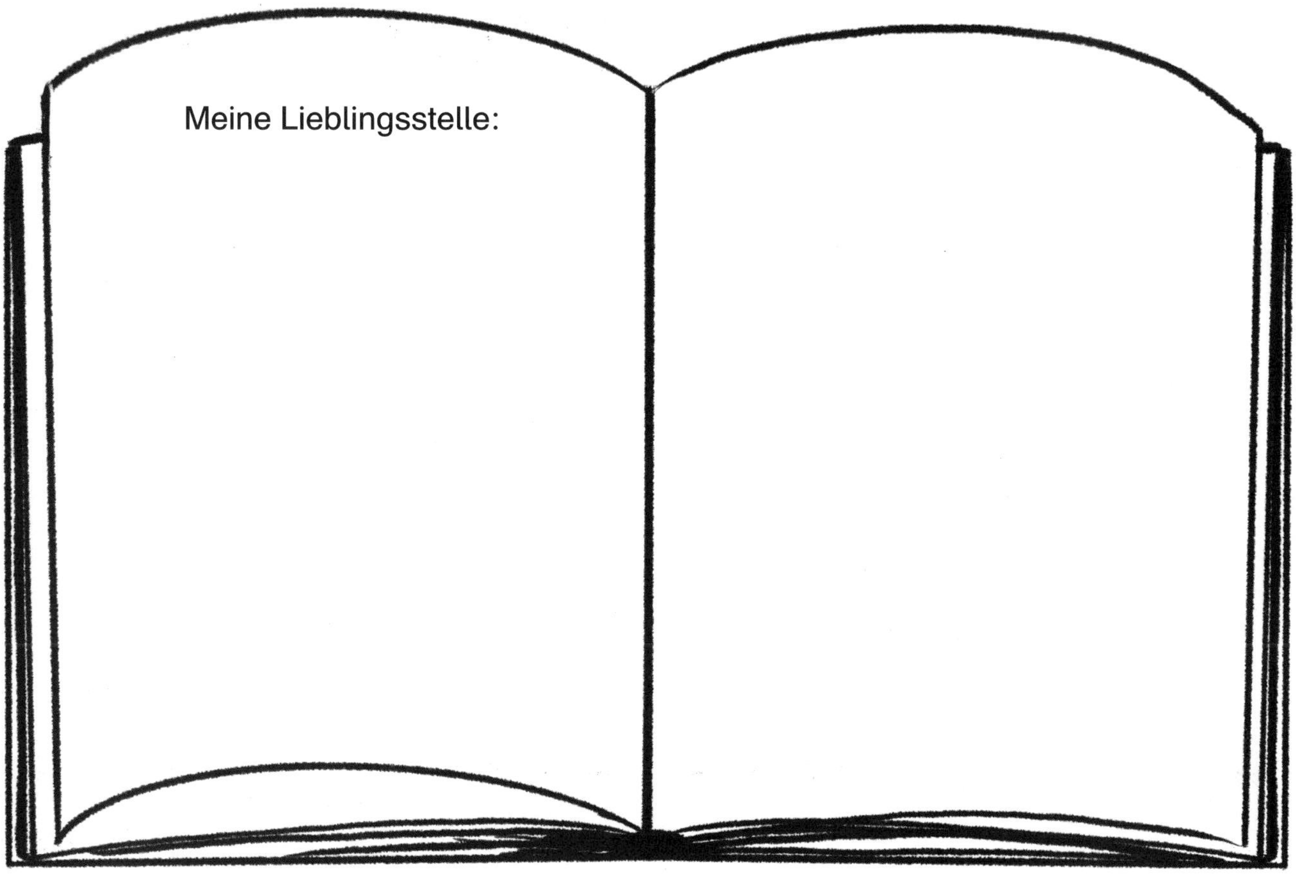
Meine Lieblingsstelle:

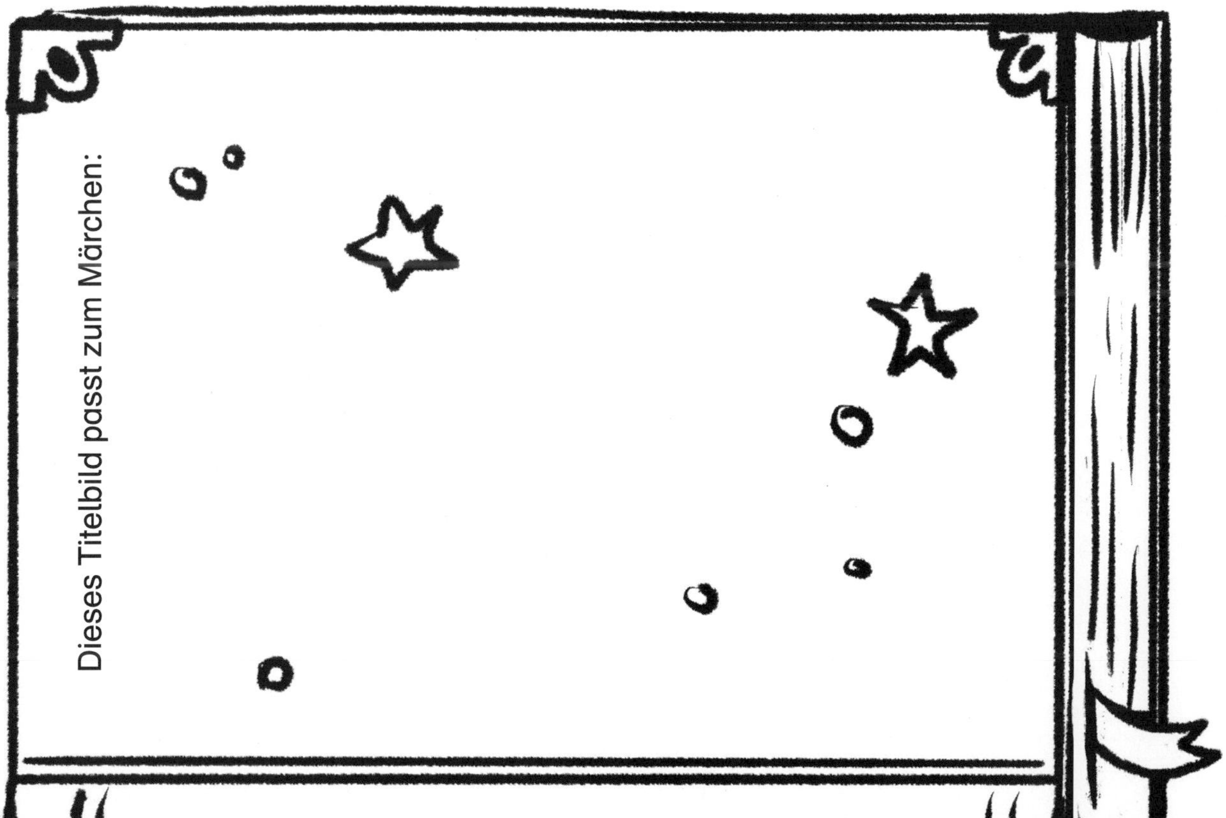
Dieses Titelbild passt zum Märchen:

Märchen auf Merkmale untersuchen

1 **Wähle ein Märchen aus.**

2 **Untersuche das Märchen.**

Mit diesem Satz beginnt das Märchen:	
An diesem Ort spielt das Märchen:	
Dies ist die Heldin oder der Held in meinem Märchen:	
Diese Aufgabe muss die Heldin / der Held erfüllen:	
Dies sind die guten Märchenfiguren:	
Diese bösen Figuren spielen im Märchen eine Rolle:	
Diese Gegensätze kommen im Märchen vor (denke zum Beispiel an arm und reich, fleißig und faul …):	
Dieser magische Gegenstand ist wichtig:	
Diese magischen Zahlen haben im Märchen eine Bedeutung:	
Mit diesem Satz endet das Märchen:	

1 **Wähle ein Märchen aus.**

2 **Fasse es so kurz wie möglich zusammen.**

Wusstest du schon: Eine Zusammenfassung enthält nur die wichtigsten Informationen und ist wesentlich kürzer als der Originaltext. In einer Zusammenfassung informierst du die Leserin oder den Leser nur kurz über die Handlung. Dabei schreibst du möglichst sachlich und erzählst nicht spannend. Gehe so vor:

1. Lies das Märchen gründlich. Du musst es vielleicht auch öfter lesen.
2. Markiere dir das Wichtigste im Märchen. Du kannst auch Stichwörter aufschreiben.
3. Schreibe deine Zusammenfassung.
   Beantworte dabei zuerst diese Fragen:
   - Wie heißt das Märchen?
   - Wer hat das Märchen geschrieben?
   - Wer sind die wichtigsten Figuren?
   - Wo spielt das Märchen?

   Beschreibe dann so kurz wie möglich, was im Märchen passiert.

Meine Zusammenfassung:

Ein Märchen mit PowerPoint präsentieren

1 **Wähle ein Märchen aus.**

2 **Präsentiere das Märchen deiner Klasse mit PowerPoint.**
Erstelle dazu drei Folien.
Folie 1: Schreibe den Namen des Märchens und den Autor oder die Autorin auf.
Folie 2: Beschreibe so kurz wie möglich, was in dem Märchen passiert.
Denke auch daran, die Figuren und den Ort zu nennen.
Folie 3: Schreibe auf, warum dir das Märchen so gut gefällt.

Gehe so vor:

1. Öffne das Programm PowerPoint, indem du auf das Symbol klickst.
2. Klicke auf „Leere Präsentation“.
   Nun kannst du starten.
3. Wenn du weitere Folien anlegen willst, klicke im Menü auf „Neue Folie“.
4. Im Textbalken „Titel und Inhalt“ kannst du einen Text schreiben.
5. Du kannst auch passende Bilder hinzufügen.
   Suche im Internet Bilder, die zu deinem Märchen passen und speichere sie auf dem Computer.
   Gehe im Menü auf „Einfügen“.
   Klicke in der Symbolleiste „Bilder“ an.
6. Vergiss nicht, deine Präsentation zu speichern.
   Gehe im Menü auf „Datei“.
   Klicke in der Symbolleiste „Speichern unter“ an.
   Wähle einen Namen und einen Speicherort.

Wenn du deine Präsentation vorstellen möchtest:

1. Gehe im Menü auf „Bildschirmpräsentation“.
2. Klicke in der Symbolleiste „Von Beginn an“ an.

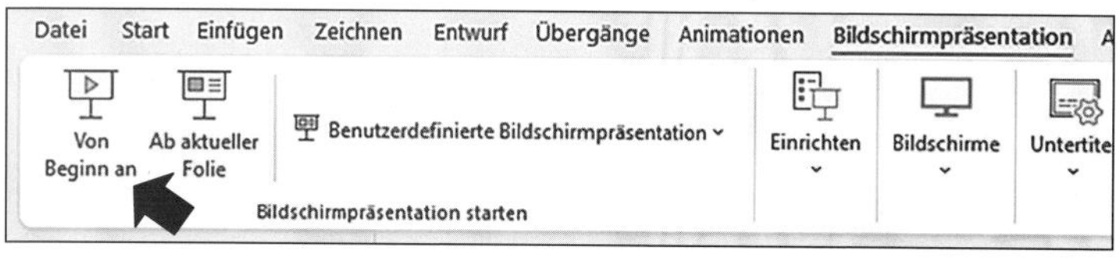

1

2
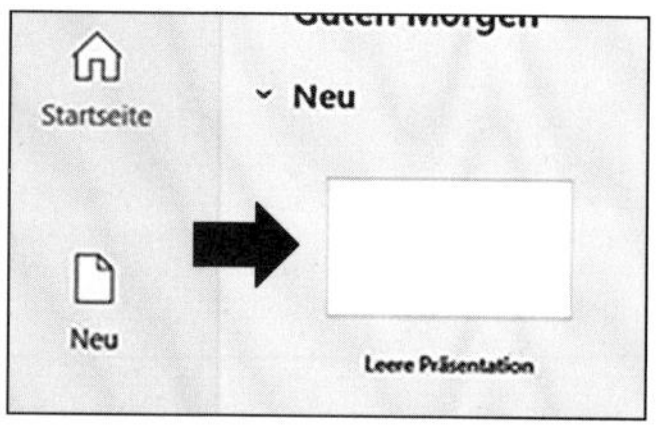

3
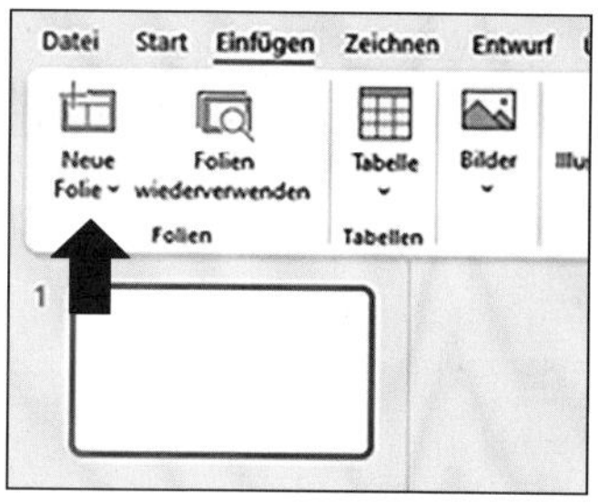

4

5
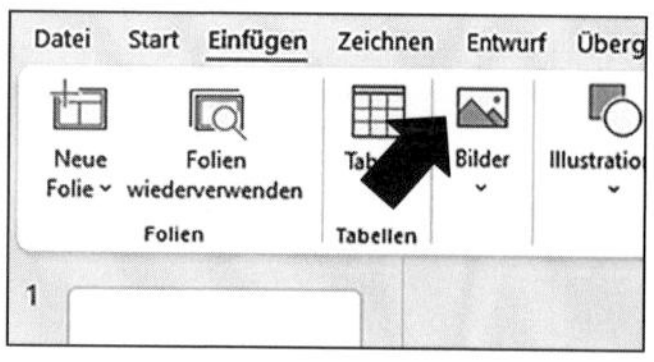

6
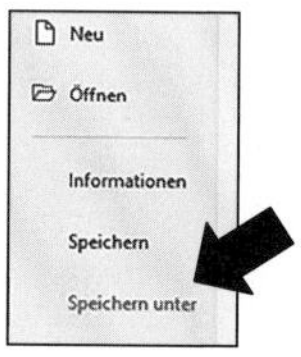

1 **Wähle ein Märchen aus.**

2 **Schreibe es um.**

Du kannst …

… das Märchen in der heutigen Zeit spielen lassen. Du kannst zum Beispiel Computer, Flugzeuge und Smartphones in der Geschichte einbauen.

… Figuren aus anderen Märchen in deiner Geschichte auftauchen lassen. Zum Beispiel kann plötzlich ein Puma im Märchen „Der Dank des Kranichs“ auftauchen.

… zwei Märchen miteinander verbinden.

… das Märchen weiterschreiben. Was passiert ein Jahr später?

… das Märchen aus Sicht einer Figur schreiben. Zum Beispiel aus Sicht der Freundin der Prinzessin oder aus Sicht des Feuervogels.

… ein anderes Ende schreiben. Was hätte der Junge noch erschaffen, wenn er die Zauberschere nicht ins Wasser geworfen hätte?

… eine Märchenfigur auf eine Figur treffen lassen, die nicht in einem Märchen spielt. Was macht der Kobold von Swabedoo, wenn er Superman begegnet?

3 **Wie möchtest du dein Märchen umschreiben?**

4 **Schreibe das Märchen auf ein extra Blatt.**

Ein Comic zum Märchen schreiben

1 **Wähle ein Märchen aus.**

2 **Schreibe und male ein Comic zu deinem Märchen.**

Wusstest du schon: Ein Comic ist eine Bildergeschichte. Ein Comic besteht aus mehreren gezeichneten Bildern. Sagt eine Person etwas in einem Comic, kannst du das in einer Sprechblase lesen. Was in einer Geschichte mit einem Text erklärt wird, wird im Comic mit einem Bild gezeigt. Steht in einer Geschichte zum Beispiel „Die Sonne schien und auf der Blumenwiese schwirrten die Bienen umher“ würde dies im Comic so aussehen:

Du kannst auf einem extra Blatt weiterschreiben.

1 **Schreibe ein Märchen zu den Bildern.**
Schreibe zu jedem Bild mehrere Sätze.

Einen Rap schreiben

1 **Wähle ein Märchen aus.**

2 **Schreibe einen Rap zum Märchen. Schreibe mindestens vier Zeilen. Denke auch an Reimwörter.**

Beispiel:
Märchen mögen wir alle gern, ← **Zeile**
egal ob von nah oder fern.
Hier haben Helden Mut,
und es gibt Böse und Gut.
} **Strophe**

Gehe so vor:

1. Welche Figuren kommen in deinem Märchen vor:

2. Welche Eigenschaften haben die Figuren?

3. Welche Adjektive (Wie-Wörter) passen zu den Figuren?

4. Suche Reimwörter.
   Male Reimwörter in derselben Farbe an.

See	Saat	Socke	hinzu	Locke	Rat	Schuh	Klee

5. Schreibe einen Rap zu deinem Märchen.

Um deinen Text zu überarbeiten, gehe so vor:

1. Schreibe deinen Text auf ein DIN-A4-Blatt.
2. Klebe das Blatt in die Mitte eines DIN-A3-Blattes. Achte darauf, dass an allen Seiten gleich viel Platz ist.
3. Setzt euch in Gruppen zusammen (vier bis fünf Kinder). Tauscht eure Texte untereinander aus: Jeder Text sollte von allen Gruppenmitgliedern gelesen werden.
4. Schreibt an den Rand jeder Geschichte, was euch besonders gut gefällt und wo ihr noch Fragen oder Verbesserungsvorschläge habt. Markiert auch Rechtschreibfehler.
5. Überprüft auch:
   - Es gibt eine Überschrift.
   - Die Geschichte hat vollständige Sätze.
   - Verben stehen alle in Vergangenheit.
   - Die Satzanfänge sind großgeschrieben.
   - Nomen sind großgeschrieben.
   - Die Geschichte hat eine Einleitung, einen Hauptteil und einen Schluss.
6. Wenn jedes Gruppenmitglied alle Texte gelesen hat, wird jedes Märchen von der Autorin / dem Autor überarbeitet. Jedes Kind kann selbst entscheiden, welche Vorschläge es dabei umsetzen möchte und welche nicht.

EIN MÄRCHEN NACHERZÄHLEN

Erzählsteine bemalen

1. Wähle ein Märchen aus.
2. Überlege dir, welche Szenen aus dem Märchen du auf den Steinen malen möchtest. Die Bilder sollen dir später dabei helfen, das Märchen zu erzählen. Mache dir zunächst einen Plan und schreibe die Szenen auf.
3. Nimm dir für jede Szene einen Stein.
4. Gestalte die Steine mit einfachen Bildern. Du kannst zum Beispiel mit Acrylfarben oder Lackstiften malen. Du kannst auch kleine Bilder ausdrucken und aufkleben. Wichtig ist, dass es ganz einfache Bilder sind (zum Beispiel ein Hut, eine Krone oder ein Baum).
5. Lege die Steine in der richtigen Reihenfolge vor dich.

Erzähle das Märchen mit deinen Erzählsteinen!

EIN MÄRCHEN NACHERZÄHLEN

Erzähldosen mit rotem Faden gestalten

1. Wähle ein Märchen aus.
2. Überlege dir, welche Szenen aus dem Märchen du malen möchtest. Die Bilder sollen dir später dabei helfen, das Märchen zu erzählen.
3. Nimm dir für jede Szene ein Stück Papier und male passende Bilder.
4. Nimm dir ein rotes Band und klebe die Bilder der Reihe nach auf das Band.
5. Nimm dir den Deckel deiner Chipsdose.
6. Befestige das obere Ende des Bandes mit einem Klebestreifen an der Innenseite des Deckels.
7. Lege das rote Band in die Dose und verschließe den Deckel.

So kannst du deine Dose gestalten:

1. Nimm dir ein Stück farbigen Tonkarton (so hoch wie die Chipsdose).
2. Umwickle die Dose mit dem Tonkarton.
3. Klebe den Tonkarton fest.
4. Male verschiedene Märchenfiguren, Orte und märchenhafte Gegenstände auf Papier und beklebe damit deine Erzähldose.
5. Schreibe „Meine Märchen-Erzähldose“ hinzu.

Erzähle das Märchen mit deiner Erzähldose und dem roten Faden!

Karten für das Kamishibai malen

1. Wähle ein Märchen aus.
2. Überlege dir, welche Szenen aus dem Märchen du malen möchtest.
   Die Bilder sollen dir später dabei helfen, das Märchen zu erzählen.
   Mache dir zunächst einen Plan und schreibe die Szenen auf.
3. Nimm dir für jede Szene ein Blatt festes Papier.
4. Gestalte die Seiten.
   - Du kannst zum Beispiel mit Wachsmalstiften oder Ölkreide malen.
   - Du kannst auch Bilder filzen oder Bilder aus verschiedenen Materialien kleben.
   - Du kannst Bilder mit Transparentpapier oder Zeitungsschnipseln kleben.
5. Beschreibe auf der Rückseite der Bilder die Szene.
   Schreibe nur ein bis zwei Sätze.
   Diese Sätze helfen dir später beim Erzählen.

Erzähle das Märchen mit deinen Bildern und dem Erzähltheater!

EIN MÄRCHEN NACHERZÄHLEN

Schattentheater basteln

So bastelst du das Theater:

1. Nimm dir einen Schuhkarton und lege den Deckel zur Seite.
2. Schneide den Boden des Kartons weg. Lasse einen Rand von 2 cm.
3. Klebe weißes Seidenpapier von innen an den Rand des Bodens.

So bastelst du die Schattenfiguren:

Wähle ein Märchen aus. Gestalte die Figuren aus dem Märchen.

1. Nimm dir dazu einen Bogen schwarzen Tonkarton.
2. Male die Figuren mit einem Bleistift auf den Tonkarton und schneide sie aus.
3. Nimm dir für jede Figur einen Holzspieß.
4. Klebe die Spieße mit Klebestreifen an die Rückseite der Figuren.

Tipp: Du kannst auch Märchenorte oder Gegenstände aus deinem Märchen basteln und auf Holzspieße kleben.

Vorhang auf: Erzähle das Märchen mit deinen Schattenfiguren, mit einer Lampe und deinem Theater!

Bewertungsbogen

Mein Name: ______________________________

Dieses Märchen habe ich erzählt: ______________________________

MÄRCHEN ERZÄHLEN				
Merkmale erzählen				
Ich habe genau erzählt.				
Ich habe die Einleitung, den Hauptteil und den Schluss des Märchens erzählt.				
Ich habe eine sinnvolle direkte Rede eingebaut.				
Meine Sätze haben abwechslungsreich begonnen.				
Ich habe Wortwiederholungen vermieden.				
Meine Erzählung ist logisch aufgebaut.				
Ich habe keine Gedankensprünge gemacht.				
Ich habe auch erzählt, was die Figuren gesehen oder gehört haben.				
Sprache				
Ich habe laut und deutlich gesprochen.				
Ich habe die anderen Kinder beim Erzählen angeschaut.				

Märchen im Einmachglas

1. Wähle ein Märchen aus.
2. Überlege dir, welche Szene du aus dem Märchen darstellen möchtest.
3. Nimm dir ein leeres Einmachglas.
4. Gestalte das Glas:
   - Schneide aus Tonkarton ein Quadrat aus, das du in dein Einmachglas stecken kannst. Es ist der Hintergrund.
   - Gestalte den Ort, an dem dein Märchen spielt. Nutze dafür Transparentpapier oder Tonkarton. Klebe den Ort auf den Hintergrund und stecke ihn in das Glas.
   - Nimm dir Moos oder Stoff und bedecke damit den Boden deines Glases.
   - Gestalte Figuren aus Tonkarton, Holzkugeln, Filz, Korken oder anderen Bastelmaterialien. Setze sie ins Glas.

Fertig ist das Märchen im Glas!

Märchenbild aus Papierschnipseln

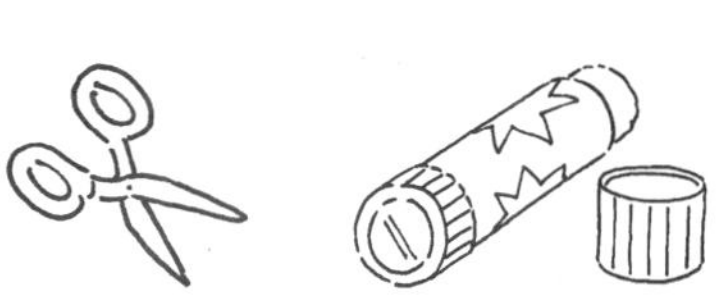

1. Wähle ein Märchen aus.
2. Überlege dir, welche Figur du aus dem Märchen darstellen möchtest.
3. Nimm dir ein Blatt Papier.
4. Male den Umriss der Figur auf das Blatt, zum Beispiel von einem Wolf.
5. Nimm dir Zeitungspapier oder Transparentpapier.
6. Reiße aus dem Papier kleine Schnipsel. Klebe sie so in den Umriss, dass das Blatt nicht mehr zu sehen ist.
7. Gestalte auch noch Augen oder andere Körperteile aus Tonkarton und klebe sie auf.
   Du kannst sie auch mit Deckfarben oder Filzstift aufmalen.
8. Gib deinem Bild einen Namen und schreibe ihn über die Figur.

Fertig ist das Märchenbild aus Schnipseln!

MÄRCHEN KREATIV GESTALTEN

Marionetten basteln

1. Wähle ein Märchen aus.
2. Überlege dir, zu welcher Szene aus dem Märchen du Marionetten basteln möchtest.
3. Gestalte zu jeder Figur eine Marionette.
   - Nimm dir eine Toilettenpapierrolle.
   - Male sie mit Wasserfarben in der passenden Farbe an und lasse sie trocknen.
   - Gestalte aus farbigem Tonkarton zusätzliche Merkmale, wie zum Beispiel Augen, Ohren, einen Schwanz, eine Schnauze, einen Hut oder einen Korb.
   - Klebe sie an die getrocknete Toilettenpapierrolle.
   - Male Füße und Hände mit Bleistift auf Tonkarton und schneide sie aus.
   - Bohre mit einer Schere jeweils zwei kleine Löcher am unteren Ende der Rolle sowie an den Seiten – hier werden die Arme und Beine befestigt.
   - Verknote in den Löchern jeweils eine schwarze Schnur.
   - Verknote an das lose Ende der Schnur die Hände.
   - Befestige an den Armen jeweils einen dünnen Faden. Beide Fäden sollten gleich lang sein.
   - Befestige die dünnen Fäden an einem Stock. Jetzt kann sich die Marionette richtig bewegen.

Spiele die Szene mit deinen Marionetten nach!

MÄRCHEN KREATIV GESTALTEN

Ein Märchen-Quadrama gestalten

1. Wähle ein Märchen aus.
2. Überlege dir, welche vier Szenen du aus dem Märchen darstellen möchtest.
3. Nimm dir für jede Szene ein quadratisches Blatt Papier und bastle das Quadrama:

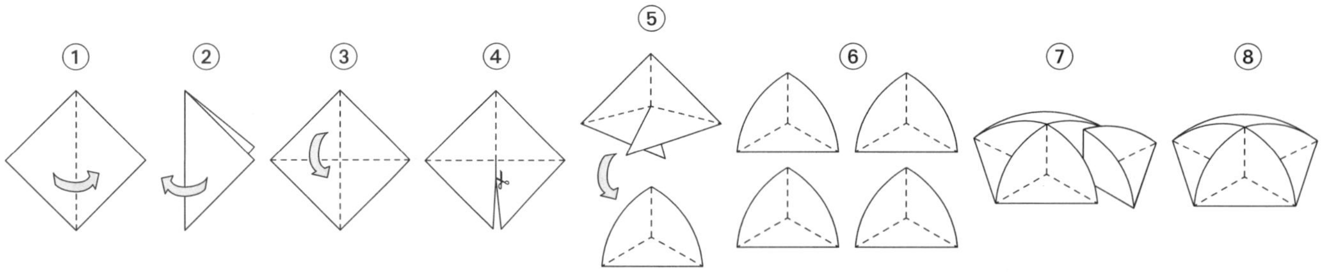

4. Gestalte die Seiten.
   - Denke an die Figuren, Gegenstände und Orte, die eine Rolle spielen.
   - Du kannst sie aus verschiedenen Bastelmaterialien darstellen, wie zum Beispiel aus Transparentpapier, Watte, Korken, Holzkugeln, Filz, Stoffe oder Seidenpapier.

Stelle dein Quadrama und dein Märchen der Klasse vor!

1 **Lies den Text.**

Wusstest du schon: Eine Geschichte wird in drei Bereiche unterteilt: eine Einleitung, einen Hauptteil und einen Schluss.

Eine gute **Einleitung** informiert die Leserin oder den Leser darüber, an welchem Ort und zu welcher Zeit die Geschichte spielt. Auch die wichtigsten Figuren werden vorgestellt. Schon am Anfang ist es wichtig, die Leserinnen und Leser neugierig zu machen.

Im **Hauptteil** steigert sich die Spannung. Die Figuren in der Geschichte können zum Beispiel einen Konflikt haben, eine Aufgabe lösen und Abenteuer erleben. Kurz vor dem Ende der Geschichte kommt es zu einem **Höhepunkt**. Ein passender **Schluss** rundet die Geschichte ab. Märchen haben meistens ein gutes Ende. Oft kann es helfen, wenn man die **Überschrift** einer Geschichte erst am Ende schreibt. Denn erst dann weißt du am besten, welche Überschrift passt, da du jedes Detail der Geschichte kennst.

2 **Beschrifte die Geschichtenmaus.**
Diese Wörter helfen dir:

Hauptteil	Höhepunkt	Einleitung	Schluss	Überschrift

Mein Schreibplan

Bevor du mit dem Schreiben eines Märchens beginnst, solltest du dir einen Plan machen.
Fülle dazu die Tabelle aus.

	Mit diesem Satz beginnt mein Märchen:	
	An diesem märchenhaften Ort spielt die Geschichte:	
	Dies ist die Heldin oder der Held in meinem Märchen:	
	Dies sind die guten Märchenfiguren:	
	Diese Eigenschaften haben die Figuren:	
	Diese bösen Figuren spielen im Märchen eine Rolle:	
	Dieser magische Gegenstand ist wichtig:	
	Diese Aufgabe muss die Heldin / der Held erfüllen:	
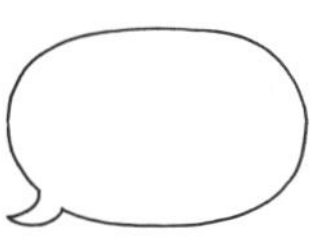	So endet das Märchen:	

Märchenfiguren und Fantasiewesen

Märchenorte

Bildkarten mit Merkmalen 2

Märchengegenstände

Sprechende Tiere

Vorschläge für Satzanfänge

Einleitung

- Es war einmal ...
- Vor langer, langer Zeit ...
- In einem großen Wald lebte ...
- Es lebte einmal ...
- In einer Zeit, als Wünsche noch in Erfüllung gingen ...
- Vor vielen Jahren ...
- Einst lebte ...
- Vor Zeiten war ein König ...
- Es trafen sich einmal ...

Hauptteil

- Nachdem er ...
- Nach einiger Zeit ...
- Im Dunkeln sahen sie ...
- Auf einmal ...
- Plötzlich kam ...
- Anschließend ...
- Eines Tages ...
- Sie wollten zusammen ...
- Wenige Augenblicke später ...

Schluss und Schlusssätze

- Am Ende ...
- Schließlich ...
- Und sie lebten lange vergnügt zusammen.
- Und sie lebten glücklich, bis an ihr Lebensende.
- Und wenn sie nicht gestorben sind, dann leben sie noch heute.
- ... und beide beherrschten ihr Reich in Frieden und Seligkeit.

Bewertungsbogen

Mein Name: ______________________________

So heißt mein Märchen: ______________________________

MEIN MÄRCHEN				
Märchenmerkmale				
Das Märchen hat eine Heldin / einen Helden.				
Das Märchen hat gute und böse Figuren.				
Die Heldin / Der Held muss eine Aufgabe erfüllen.				
Das Märchen spielt an einem passenden Ort.				
Ich habe märchenhafte Gegenstände verwendet.				
Im Märchen kommen Zaubersprüche, Verse oder magische Zahlen vor.				
Das Märchen hat einen passenden Anfangs- und Schlusssatz.				
Inhalt				
Ich habe eine passende Überschrift für mein Märchen gewählt.				
Ich habe eine passende Einleitung geschrieben.				
Mein Märchen hat einen Hauptteil mit einem Höhepunkt.				
Ich habe einen passenden Schluss geschrieben.				
Sprache				
Ich habe in ganzen Sätzen geschrieben.				
Die Sätze in meinem Märchen beginnen abwechslungsreich.				

Erstellt ein eigenes Märchenquiz.
Arbeitet zu zweit.

1 **Schneidet die Karten aus.**

2 **Überlegt euch eigene Fragen zum Thema *Märchen aus verschiedenen Kulturen*. Schreibt die Fragen auf die leeren Karten.**

3 **Schneidet den Brief aus. Faltet ihn zu einem Briefumschlag, indem ihr die Seitenlaschen zur Mitte faltet.**

4 **Schreibt *Märchen aus verschiedenen Kulturen-Quiz* auf den Briefumschlag und gestaltet ihn. Legt die Karten hinein.**

5 **Spielt das Quiz:**
- **Stellt euch abwechselnd eine Frage.**
- **Wird die Frage richtig beantwortet, kann die Spielerin oder der Spieler die Karte behalten. Wird sie falsch beantwortet, wird die Karte zurückgelegt.**
- **Es gewinnt die Spielerin oder der Spieler mit den meisten Karten.**

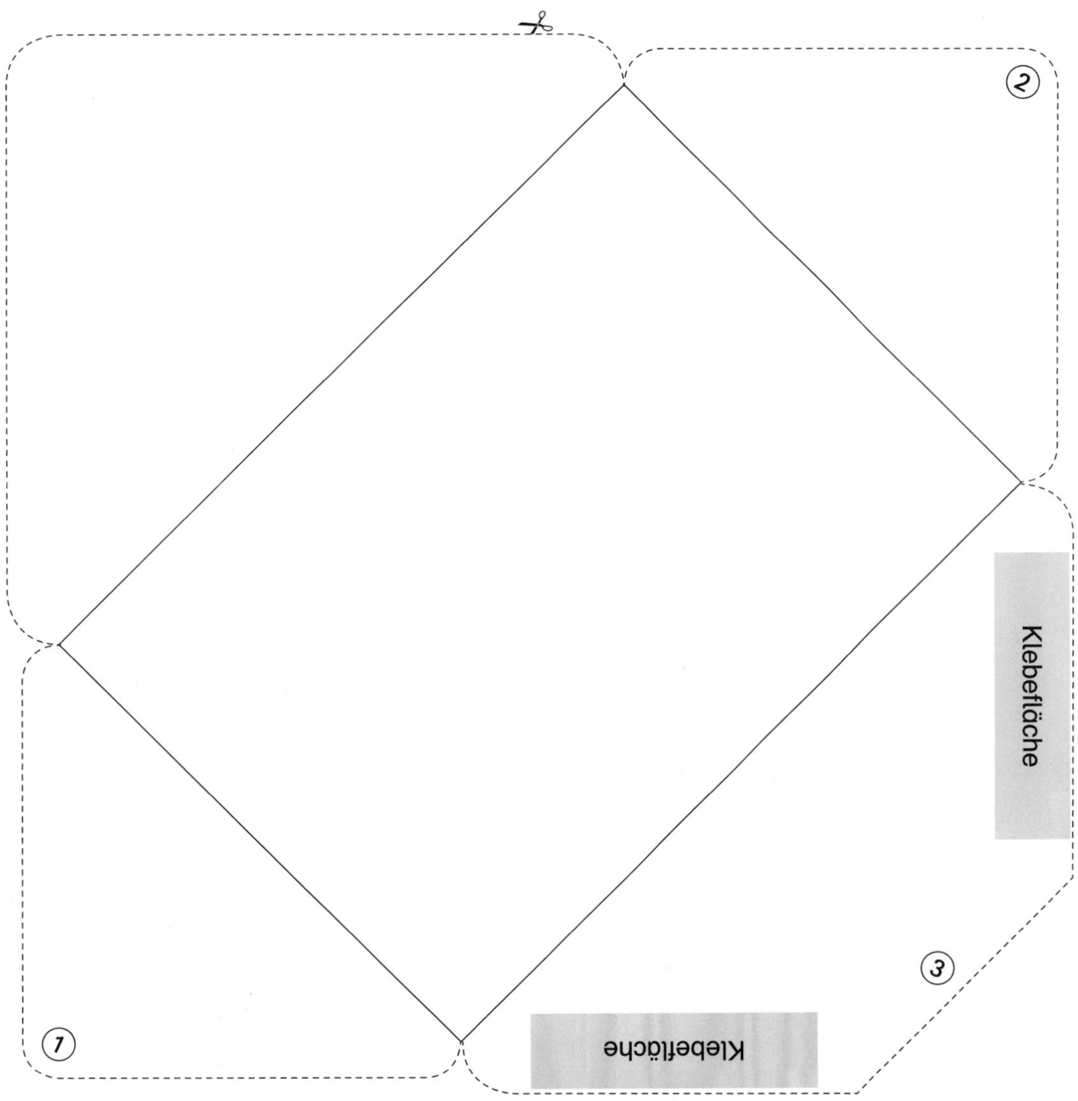

Märchenquiz 2

Was gibt der Frost dem Bauern als Erstes?

Wie heißt der Geist im Märchen *Knüppel aus dem Sack*?

Was spuckt der Esel aus seinem Maul?

Was findet der alte Tuchweber nach einem Gewitter?

Woraus webt der Kranich den kostbaren Stoff?

Wessen Brei ist Goldlöckchen weder zu heiß noch zu kalt?

In wessen Bett schläft Goldlöckchen?

Was soll Iwan für den Zaren fangen?

Auf wessen Rücken wird Iwan zum Feuervogel gebracht?

Was überreichen sich die kleinen Leute von Swabedoo zur Begrüßung?

Wer lebt in einer Höhle am Waldrand von Swabedoo?

Was schenkt der Zauberfisch dem Jungen?

Wen heiratet die Prinzessin, die immer lügt?

Wen schützt der Hirtenjunge vor der Sonne?

Was hört der Hirtenjunge, als er abends seine Herde ins Dorf bringt?

Wer tanzt lieber, anstatt Vorräte für den Winter zu sammeln?

Wie schützt sich Feroz, als sich ein Bär heranschlich?

Wer soll für den Elefanten die Wasserstelle bewachen?

Märchenschmuckblatt

URKUNDE

____

hat an der Unterrichtseinheit
Märchen aus verschiedenen Kulturen

mit großem Erfolg teilgenommen und ist nun eine

Märchen-Königin

aus einem fernen Land.

Ort und Datum

Unterschrift

URKUNDE

hat an der Unterrichtseinheit
Märchen aus verschiedenen Kulturen

mit großem Erfolg teilgenommen und ist nun ein

Märchen-König

aus einem fernen Land.

Ort und Datum

Unterschrift